Andreas Bartel

**Grafikprogrammierung mit
Turbo Pascal 6.0**

Vieweg

ANDREAS BARTEL

GRAFIKPROGRAMMIERUNG MIT TURBO PASCAL 6.0

Grundlagen, 3D-Grafik, Animation

vieweg

Die Deutsche Bibliothek – CIP-Einheitsaufnahme

Bartel, Andreas:
Grafikprogrammierung mit Turbo-Pascal 6.0: Grundlagen,
3D-Grafik, Animation / Andreas Bartel. – Braunschweig;
Wiesbaden: Vieweg, 1992
  ISBN 3-528-05206-6

Der Verlag Vieweg ist ein Unternehmen der Verlagsgruppe Bertelsmann International.

Umschlaggestaltung: Schrimpf & Partner, Wiesbaden
Druck und buchbinderische Verarbeitung: Lengericher Handelsdruckerei, Lengerich
Gedruckt auf säurefreiem Papier
Printed in Germany

ISBN 3-528-05206-6

Inhaltsverzeichnis

Abbildungsverzeichnis

Vorwort

"Grafik auf dem PC?"

- "Das ist doch kein Spiele-Computer..." - "Der ist doch viel zu langsam!" - "Der hat doch eine bescheidene Grafik..."-

Solches und anderes mußte ich hören, als ich guten Mutes einigen Bekannten dieses Projekt vorstellte. Dennoch wurde es verwirklicht. Denn auch wenn Sie, lieber Leser, schon viel Gegenteiliges gehört haben sollten, der IBM-PC, besonders aber der IBM-AT, hat vieles im Bereich der Grafik zu bieten. Sicherlich, er ist allein schon auf Grund des nicht gerade niedrigen Kaufpreises und der extrem hohen Rechenleistung als Spielecomputer etwas überdimensioniert, dennoch lassen sich mit ihm recht ansehnliche Ergebnisse auf dem Bereich der bewegten Bilder erzeugen.

Für mich jedenfalls war es eine große Herausforderung, auf diese Weise gegen einschlägig bekannte Animationscomputer (Ami*) anzutreten. Dabei habe ich eine nicht ganz alltägliche Art der Grafik gewählt, die durch die hohe Rechenleistung am Besten die Prozessorarchitektur des PC (er ist und bleibt nun einmal ein ausgesprochener Rechen-/Kalkulationscomputer) unterstützt, nämlich die Vektorgrafik.

Sicherlich ist es keine kleine Aufgabe, doch gerade mit den *großen* Herausforderungen wächst die Welt. Betrachten Sie das Ergebnis und urteilen Sie selbst.

Andreas Bartel

Kapitel 1

Einleitung

Vielleich gehören Sie zu der Gruppe von Anwendern, die immer schon mehr wollten, aber nicht bekommen haben, als Sie sich einen IBM-kompatiblen PC gekauft haben, weil der Arbeitsrechner im Arbeitszimmer immer noch *etwas* wichtiger war, als ein "Spielecomputer" mit bestechener Grafik.

Dann ist dieses Buch für Sie haargenau das Richtige!

Dieses Buch wird Ihnen helfen, die Hürden der Grafikprogrammierung zu überwinden, die langweiligen Geschäftsgrafiken und Geschäftsbriefe (von Vorträgen ganz zu schweigen) hinter sich zu lassen, und sich von der faszinierenden Welt der bewegten Computergrafik verzaubern zu lassen.

Sicherlich scheint es am Anfang ein Sprung ins kalte Wasser zu sein, wenn Sie feststellen, daß die Computergrafik fast ausschließlich von der Mathematik beherrscht wird. Nun, sicherlich kann man auch anders an die Sache herangehen. Der Vorteil der mathematisch orientierten Vektorgrafik liegt nun einmal darin, daß die am allerbesten vom PC unterstützt wird und einen erstaunlich geringen Speicherbedarf hat. Auf diese Weise sind auch kleine Trickfilme kein Problem mehr.

Grundlage dieses Buches ist: **einfache und verständliche Heranführung** an das Thema. Sollten beim Lesen dieses Buches irgendwelche Probleme auftreten, so blättern Sie einfach in einem Anhang und schon werden Ihnen dort die wichtigsten Formeln, Referenzen usw. bereitgestellt. Der Vorteil: Sie brauchen damit nicht *viele* Bücher, um *eines* zu verstehen, sondern nur dieses eine, um *alles* zu verstehen.

Die dokumentierten Beispielprogramme steigern sich in ihrem Schwierigkeitsgrad von sehr einfachen Beispielsdefinitionen zur komplett objekt-orientierten Computeranimation.

Das System der OOP (Objekt-Orientierten Programmierung) hat seit Erscheinen der neueren Turbo-Pascal-Versionen ab 5.5 erheblich an Bedeuting gewonnen. Deren Grundprinizpien, wie z.B. **Beschränkung auf das Wesentliche** und **mit intelligenter Programmierung am Programmumfang sparen** sind prägend auch für dieses Buch. Der Umfang der größeren Programme sank dadurch erheblich, was nicht zuletzt auch Ihnen als Leser das Verständnis erleichtert.

Und das nun lesen Sie in dem Buch:

Wenn Sie immer noch nicht neugierig geworden sind, so sollten Sie nicht vergessen zu lesen, was Ihnen dieses Buch bieten wird:

Zunächst werden die Grundlagen der Grafikprogrammierung bereitgestellt. In wenigen Kapiteln werden die wenigen Grundprinizpien der Vektorgrafik eingeführt. Sie erfahren unter anderem auch, wie die erlernten Kenntnisse in die Praxis, sprich Turbo-Pascal, umgesetzt werden können.

Zwischen mathematischen Koordinatensystemen lernen Sie, wie man sich eine zweidimensionale Welt am Besten selbst erstellen kann. Die damit erlernten 2D-Erfahrungen werden in einem zweidimensionalen Animationsprogramm in die Praxis umgesetzt. Die durch die OOP ermöglichten klartextähnlichen Beispielprogramme (eine Anweisung: "motiv.drehen(5)" dreht das Objekt "motiv" um 5 Grad) erübrigen unnötige Erklärungen, so daß vor lauter Kommentar-Klammern die Übersicht erhalten bleibt.

Die bisher noch handfeste, weil direkt vom Computer unterstützte 2D-Welt wird später in eine dreidimensionale Tiefenwelt umgewandelt. Ab da ist es an Ihnen, Ihre Vorstellungskraft auf drei Dimensionen auszuweiten. Es wird also immer interessanter.

Das Problem der möglichst guten Darstellung behandelt ein weiteres Kapitel. Sie lernen hier verschiedene Arten der perspektivischen Darstellung kennen, die Unterschiede zwischen Parallel-/Zentralperspektive, zwischen Luft und Farbperspektive werden mit ihren Vor-und Nachteilen beleuchtet.

Leider nur angeschnitten werden können weiterführende Themen, wie z.B. das Prinzip der vollkommenen Illusion der 3D-Brillen sowie das Problem der versteckten Linien.

Eventuell (sehr wahrscheinlich) ist gerade hierzu in nicht allzu weiter Zukunft ein weiterführendes Buch zu erwarten, das auf den durch dieses Buch gewonnen Erfahrungen und Grundprinizpien aufbaut.

Zahlreiche Anhänge, Verzeichnisse und eine Literaturübersicht runden dieses Werk ab.

Lassen Sie sich also faszinieren von der phantastischen Welt der Computergrafik.

Kapitel 2

Grundlagen der Bilddaten-Verarbeitung

Einführung in Koordinatensysteme

Wie vieles in der Welt der Computer hat auch die Computergrafik eine besondere Ordnung, die eine automatische Organisation durch die Elektronik ermöglicht.

Zunächst kann der Bildschirm als ganz normaler Speicherbereich betrachtet werden, dessen Inhalt ständig auf dem Bildschirm gezeigt wird. Durch die Kombination von gesetzten und gelöschten Punkten (Bits) im Speicher entstehen auf dem Bildschirm simultan, also zeitgleich, gesetzte und nicht gesetzte Bildpunkte, die dann die Grafik zeigen. Im einfachsten Fall eines einzeln gesetzten Bits entsteht also ein gesetzter Punkt auf dem Bildschirm. Bei modernen Programmiersprachen, wie z.B. Turbo-Pascal, Turbo C++, usw. ist die Speicherverwaltung voll automatisiert, so daß es überflüssig wird, darauf einzugehen.

Was nun den Benutzer interessiert, ist, wie er programmgesteuert einfache grafische Objekte (Punkte, Linien, ...) auf dem Bildschirm erzeugen und möglichst noch bewegen kann. Um nun eindeutige und einheitliche Definitionen dieser Objekte festlegen zu können, bietet der Computer ein Hilfsmittel an, das Bildschirmkoordinatensystem.

Dieses kann man sich wie ein enges Gitter vorstellen, das über den Bildschirm gelegt wird und in seinen kleinen Zwischenräumen jeweils einen Punkt von seinen umliegenden "Nachbarn" trennt. Um jedem Punkt eine eindeutige Bezeichnung zuordnen zu können, sind die durch das Gitter gebildeten Zeilen und Spalten, die durch die horizontalen und vertikalen Linien gebildet werden, durchnumeriert. Als Anfang dieser Numerierung wurde von den Entwicklern der Programmiersprachen einheitlich die linke obere Ecke

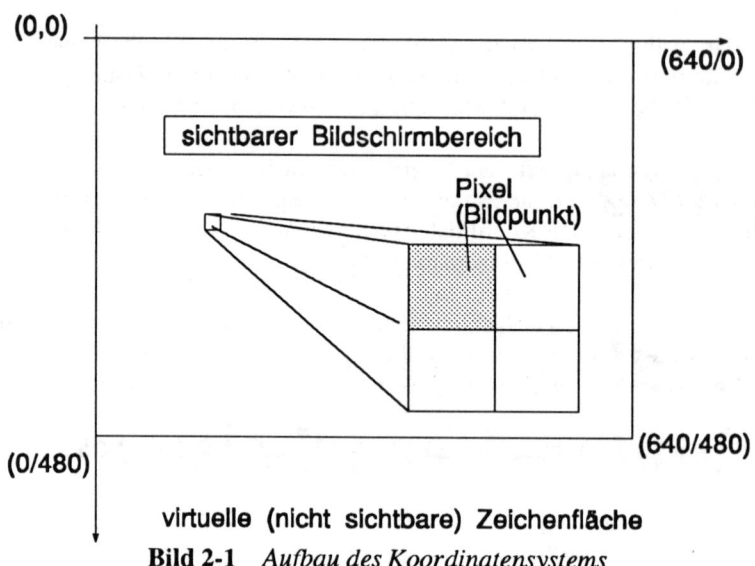

Bild 2-1   *Aufbau des Koordinatensystems*

des Bildschirmes gewählt. Man nennt diesen Punkt mit den Koordinaten (0,0) "Koordi-naten-Ursprung".

Die eindeutige Bestimmung jeder Punktposition kann nun sehr einfach durch die Angabe zweier Zahlen erfolgen; die erste Zahl stellt vereinbarungsgemäß den Abstand zum linken

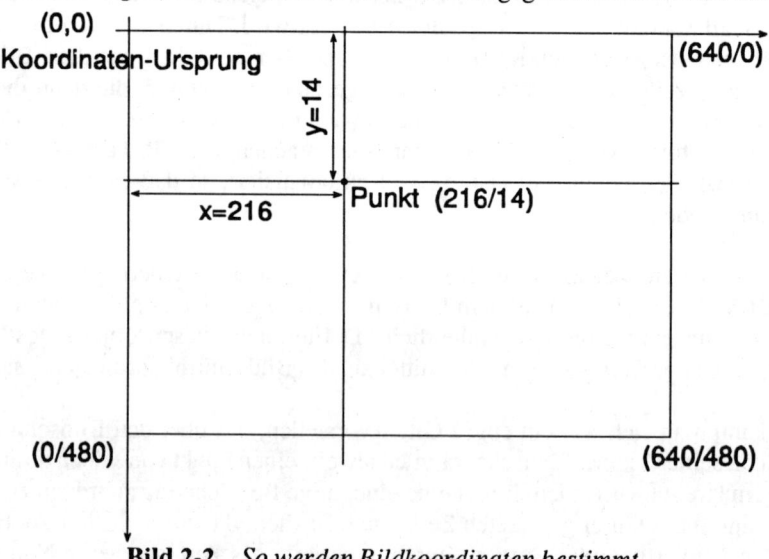

Bild 2-2   *So werden Bildkoordinaten bestimmt*

Bildrand dar, während die zweite Zahl den Abstand zur Bildoberkante angibt. Zur Verallgemeinerung werden Buchstaben als Platzhalter bestimmt. Dabei steht "x" für die erste und "y" für die zweite Zahl. Man spricht auch von "x-Richtung" und "y-Richtung".

In diesem Zusammenhang wird der Begriff "Dimension" benutzt, der angibt, wie viele Zahlen notwendig sind, um die exakte und eindeutige Beschreibung eines Bildpunktes vorzunehmen. Im gezeigten Koordinatensystem sind dies genau 2 Zahlen, man spricht: "Das Koordinatensystem ist 2-dimensional" (2D).

Welcher Zahlenbereich nun tatsächlich angezeigt werden kann, hängt von der benutzten Grafikkarte in der vom Benutzer gewählten Auflösung ab. Turbo-Pascal unterstützt folgende Grafikkarten (hier eine Auswahl der gebräuchlichsten Grafikadapter):

Grafikadapter	Auflösung	Darstellbare Farben
CGA	320*200	4
EGA	640*350	16
VGA	640*480	16

Sollten Sie eine hier nicht aufgeführte Grafikkarte benutzen, schlagen Sie bitte im Handbuch nach. Eventuell kann Ihr Adapter in einem Emulationsmodus laufen und darin eine oben aufgeführte Grafikkarte nachbilden.

Einführung in Vektoren

Die Position eines Punktes kann also beispielsweise durch eine folgende Angabe bestimmt werden (mathematisch ist es übrigens völlig egal, welches Trennzeichen ("," oder "/" oder ...) benutzt wird):

$$(x/y) = (x, y) = (251, 14)$$

Das bedeutet, daß der Punkt als x-Koordinate 251 und als y-Koordinate 14 besitzt. Diese Art der Darstellung ist mathematisch zwar vollkommen richtig, einfacher jedoch geht es mit den sogenannten Vektoren, die gegenüber der konventionellen Darstellungsmethode den Vorteil haben, daß sie bei möglichen Rechenoperationen wesentlich einfacher zu verarbeiten sind. Es bleibt auch bei komplizierteren Rechnungen die Übersicht erhalten. Die Grundidee ist, für jede Richtungsangabe (x oder y) eine neue Zeile zu beginnen, also die Koordinaten nicht nebeneinander, sondern übereinander zu schreiben.

Sollten nun nicht wie im Beispiel konkrete Werte sondern komplexe Rechenterme auftreten, so kann der Betrachter dennoch sofort die einzelnen Terme für die entsprechende Richtung ausfindig machen. Eine Verwechslung, die durchaus fatale Folgen haben kann, ist nahezu ausgeschlossen. Also:

$$(251, 14) = (x, y) = \binom{x}{y} = \binom{251}{14}$$

Solch übereinandergeschriebenen Koordinatenpaare (im 2-Dimensionalen Raum) nennt man 2-dimensionale Vektoren. Die gezeigte Darstellungsart von Punkten in Ebenen und Räumen nennt man Vektordarstellung. Diese "Koordinatenklammern" können praktisch wie gewöhnliche Zahlen behandelt werden. Es lassen sich bekannte Rechenoperationen durchführen, wobei folgende Gesetze gelten:

Addition zweier Vektoren:

$$\binom{x_1}{y_1} + \binom{x_2}{y_2} = \binom{x_1 + x_2}{y_1 + y_2}$$

Multiplikation mit einem eindimensionalen Vektor, der einfachen Zahl "n":

$$n \cdot \binom{x}{y} = \binom{n \cdot x}{n \cdot y}$$

Auf diese Weise können Vektoren also verknüpft werden. In den folgenden Kapiteln wird diese Art der Verknüpfung als Grundlage zur mathematischen Darstellung grafischer Objekte und Manipulationen benutzt.

Kapitel 3

Vektorisierung einfacher 2D-Objekte

Die Grafikanimation beschäftigt sich wahrlich nicht ausschließlich mit der Mathematik. Wesentlich interessanter ist es hier, über das zu sprechen, was wir später auf dem Bildschirm bewegen wollen, doch läßt sich die mathematische Grundlage nur schwerlich verleugnen.

Um größere Objekte auf den Bildschirm zu bringen, gibt es verschiedene Möglichkeiten. Zum einen gibt es die Grafiken, die von Malprogrammen oder Lesegeräten (sogenannten "Scannern") geliefert werden. Es handelt sich hierbei um die Pixelgrafiken. Sie sind als Raster aufgebaut, in dem ein Farbpunkt (Pixel) neben dem anderen liegt. Der Nachteil liegt auf der Hand: Da für einen Bildschirm extrem viele Punkte notwendig sind (für einen VGA-Bildschirm sind dies 640*480=307200 Punkte), sind schon bei einfachen Manipulationen mindestens genau so viele Rechenschritte notwendig. Um diese Leistung zu erbringen, müßte man schon mehr als 20 386er sein Eigen nennen, eine nahezu utopische Vorstellung (die Zukunft gehört dabei den Parallelrechnern). Zwar ist auch die Animation unter hohem Aufwand mit einigen Abstrichen möglich, doch würde die Beschreibung und Heranführung an solche Methoden sicherlich den Inhalt dieses Büches sprengen.

Ein weiterer Nachteil ist, daß solche Grafiktypen sehr auflösungsgebunden sind. Das bedeutet, daß bei einer Vergrößerung die einzelnen Grafikpunkte weiter auseinandergezogen werden müßten, da der Computer nicht weiß, wie er die Zwischenräume auffüllen soll.

Auf der anderen Seite gibt es die Programme, die Grafiken als Beschreibung einfacher mathematischer Objekte speichern. Dem liegt zugrunde, daß alles, was an geometrischen Formen benötigt wird, als Kombination aus den Grundelementen Punkt, Linie und Kreisbogen erzeugt werden kann. Ähnlich wie bei technischen Zeichnungen werden nur die wesentlichen Grundwerkzeuge benutzt.

Da diese Art der Objekte wesentlich weniger speicherträchtig ist, ist die Animation solcher Grafiken schon leichter realisierbar.

Vektorisierung eines Punktes

Das einfachste Element in der Vektorgrafik ist der Punkt. Einen solchen kann man, wie im Einführungsbeispiel beschrieben, durch die Angabe eines Koordinaten-Paares eindeutig bestimmen. Man erkennt allerdings auch, daß sich hier die Pixelgrafik noch nicht von der speicherplatzfreundlichen Vektorgrafik unterscheidet.

Vektorisierung einer Linie

Die Linie (genaugenommen betrachten wir eine Strecke mit Anfangs-und Endpunkt) kann man auf verschiedene Arten bestimmen: Zunächst benötigen wir einen Anfangspunkt. Ab hier können wir entweder Länge und Winkel abspeichern, in dem sie verläuft, oder einen zweiten Punkt als Endpunkt betrachten. Angesichts der Einfachheit ist letztere Methode vorzuziehen.

Ein Vorteil liegt darin, daß sich der Computer beim Zeichnen alle restlichen, nicht abgespeicherten Punkte selbstständig berechnet, auch bei der oben beschriebenen Vergrößerung. Hier hat man sich am Menschen orientiert, der eine Strecke zwischen zwei Punkten mit dem Lineal zieht, das die restlichen Punkte an dessen Zeichenkante vorgibt.

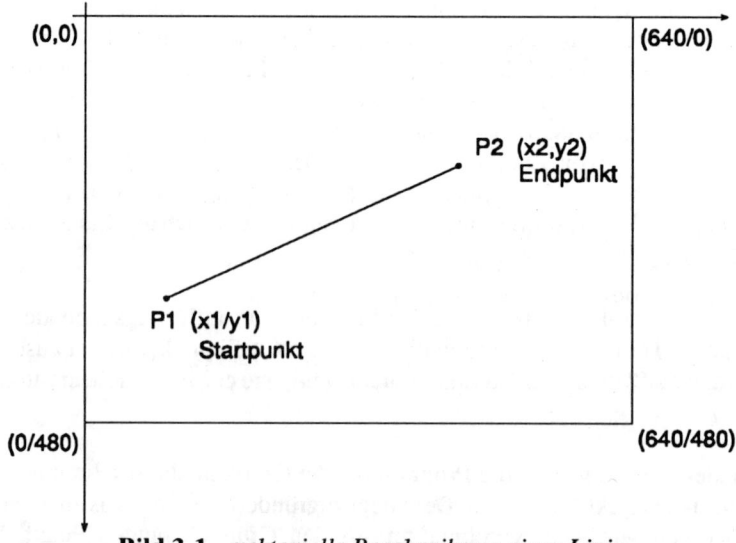

Bild 3-1   *vektorielle Beschreibung einer Linie*

Vektorisierung eines Kreises

Ähnlich wie bei der Linie verhält es sich mit dem Objekt Kreis. Hier muß außer dem Kreismittelpunkt noch der Radius gespeichert werden. Die übrigen Punkte errechnet die Zeichenroutine der jeweiligen Programmiersprache.

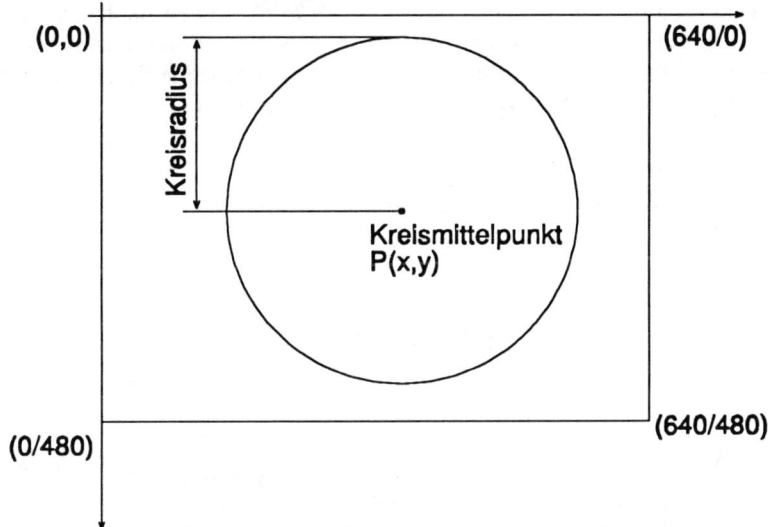

Bild 3-2 *Vektorisierung eines Kreises*

Vektorisierung eines Rechtecks

Das Rechteck ist im Sinne der Mathematik im allgemeinen eine Ansammlung von vier Linien, deren Anfangs- und Endpunkte paarweise übereinstimmen. Es müssen jedoch nicht unbedingt alle vier Linien abgespeichert werden. Soll das Rechteck später zum Beispiel nicht um einen bestimmten Punkt gedreht werden, so reichen zwei diagonal gegenüberliegende Punkte aus, um ein Rechteck zu bestimmen. Die Zeichenroutine erstellt danach automatisch ein nicht gedrehtes Rechteck aus diesen beiden Angaben.

Anderenfalls muß leider doch noch auf die Linie zurückgegriffen werden. Es müssen derer vier gespeichert werden, damit sich wirklich alle Operationen, die später beschrieben werden, ermöglichen lassen.

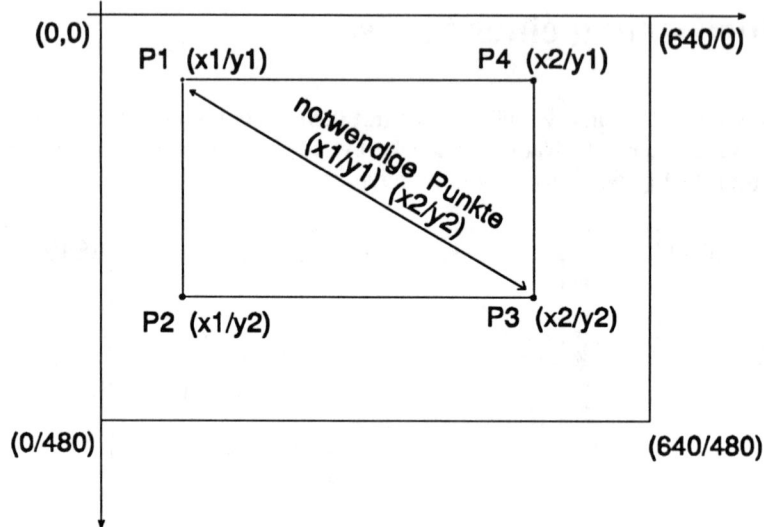

Bild 3-3 *Ein Rechteck nach Turbo-Pascal*

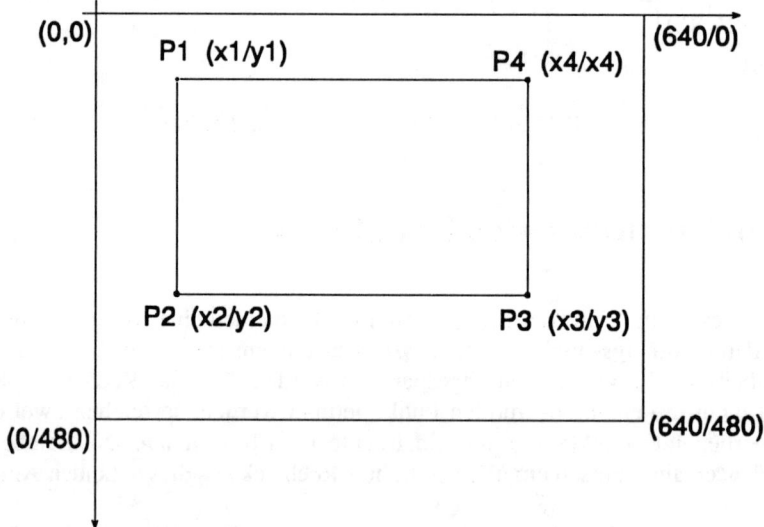

Bild 3-4 *... ein Weg mit größerer Sicherheit*

Kapitel 4

Die Umsetzung in die Praxis

Die Definition der grafischen Elemente

Die Grundlagen der Grafikprogrammierung sind nun sicherlich nicht ohne den Computer zu erlernen, denn schließlich lernt man auch durch die altbewährte Methode "Versuch und Irrtum" beim Programmieren recht schnell und sicher.

Wir haben bisher einfache geometrische Formen kennengelernt, deren vektorielle Definition in eine Programmiersprache umgesetzt werden soll. Hier fallen bei der Betrachtung des Softwaremarktes mehrere Programmiersprachen ins Auge, die fähig sind, solche Grafiken zu verarbeiten. Neben den neueren Sprachen Turbo C oder Turbo C++ gibt es noch das gute alte Turbo-Pascal, das sich nach den letzten Entwicklungen (seit Version 5.5) besonders zur Grafikprogrammierung eignet. Auch angesichts der großen Verbreitung habe ich diese Sprache gewählt.

Es bietet sich an, die Grafiken objektorientiert zu programmieren, eine Methode, die viele Vorzüge hat, wie spätestens bei Manipulationen deutlich wird.

Die Definition eines Punktes ist noch recht einleuchtend, zumal die notwendigen Komponenten "x" und "y" abgespeichert werden. Doch schon beim nächsten Objekt (siehe Listing) erscheint eine Besonderheit: Durch die Bindung an das Objekt "punkt" in der Klammer der Liniendefinition wird im neuen Objekt Linie das bekannte Objekt Punkt lediglich um ein weiteres Koordinatenpaar "aufgestockt", wobei beide nun gespeicherten Punkte gleichwertig zu behandeln sind.

Analog ist auch die Definition des Objektes Kreis zu behandeln. Neben dem Kreismittelpunkt ist lediglich der Radius zuzufügen. - Dagegen zeigt sich bei der Definition Rechteck eine weitere Besonderheit: Es entspricht voll und ganz der Definition von "Linie". Es sind nicht mehr als diese beiden Punkte zur eindeutigen Bestimmung eines

waagerecht/senkrecht ausgerichteten Rechtecks notwendig, so daß nichts der Definition
hinzugefügt werden muß.

```
PROGRAM definition_der_objekte;

 TYPE punkt     = OBJECT
             x,
             y   : REAL;
            END;



    linie     = OBJECT(punkt)
              x1,
              y1  : REAL;
             END;

    kreis     = OBJECT(punkt)
              radius : REAL;
             END;

    rechteck1 = OBJECT(linie)
             END;

    rechteck2 = OBJECT
             l1,
             l2,
             l3,
             l4    : linie;
            END;

 BEGIN
 END.
```

Notwendige Organisationsoperationen

Da wir ja vollkommen strukturiert programmieren wollen und die Übersichtlichkeit
erhalten wollen, ist es unbedingt notwendig, die goldene Regel der objektorientierten
Programmierung (OOP) einzuhalten. Sie besagt, daß Objekte vollständig gekapselt
werden müssen, so daß Definitionen und Abfragen über Organisationsprozeduren erfolgen sollten.

Solche Operationen sind notwendig

- um einem Objekt die Koordinaten/Parameter zu übergeben{ Procedure in }

- um zur Weiterbearbeitung die Koordinaten ausgeben zu lassen { Procedure out }

- ein Objekt auf dem Bildschirm anzeigen zu lassen { Procedure zeigen }

Wie diese Prozeduren realisiert werden können, braucht eigentlich nicht weiter ausgeführt zu werden, das Listing ist hier sehr viel aussagekräftiger als alle Worte.

```
PROGRAM definition_der_objekte_und_organisation;

USES graph;

TYPE punkt    = OBJECT
              x,
              y   : REAL;

              procedure in(xwert,ywert : REAL);
              procedure out(VAR xwert,ywert : REAL);
              procedure zeigen;
           END;

     linie    = OBJECT(punkt)
              x1,
              y1  : REAL;

              procedure in(xwert,ywert,x1wert,y1wert : REAL);
              procedure out(VAR xwert,ywert,x1wert,y1wert : REAL);
              procedure zeigen;
           END;

     kreis    = OBJECT(punkt)
              radius : REAL;

              procedure in(xwert,ywert,radius : REAL);
              procedure out(VAR xwert,ywert,rad : REAL);
              procedure zeigen;
           END;

     rechteck1 = OBJECT(linie)
              procedure zeigen;
           END;
```

```
   rechteck2  = OBJECT
          l1,
          l2,
          l3,
          l4    : linie;

          procedure in(linie1,linie2,linie3,linie4 : linie);
          procedure out(VAR linie1,linie2,linie3,linie4 : linie);
          procedure zeigen;
          END;

PROCEDURE punkt.in(xwert,ywert : REAL);

 BEGIN
  punkt.x := xwert;
  punkt.y := ywert;
 END;

PROCEDURE punkt.out(VAR xwert,ywert : REAL);

 BEGIN
  xwert := punkt.x;
  ywert := punkt.y;
 END;

PROCEDURE punkt.zeigen;

 BEGIN
  putpixel(x,y,getcolor); {Pixel an der Stelle (x,y) mit akt.Zeichenfarbe}
 END;

PROCEDURE linie.in(xwert,ywert,x1wert,y1wert : REAL);

 BEGIN
  x := xwert;
  y := ywert;
  x1 := x1wert;
  y1 := y1wert;
 END;

PROCEDURE linie.out(VAR xwert,ywert,x1wert,y1wert : REAL);

 BEGIN
  xwert := x;
  ywert := y;
```

```
     x1wert := x1;
     y1wert := y1;
    END;

  PROCEDURE zeigen;

    BEGIN
     line(x,y,x1,y1);
    END;

  PROCEDURE kreis.in(xwert,ywert,rad : REAL);

    BEGIN
     x := xwert;
     y := ywert;
     rad := radius;
    END;

  PROCEDURE kreis.out(VAR xwert,ywert,rad : REAL);

    BEGIN
     xwert := x;
     ywert := y;
     rad := radius;
    END;

  PROCEDURE kreis.zeigen;

    BEGIN
     circle(x,y,radius);
    END;

  PRODEDURE rechteck1.zeigen;

    BEGIN
     rectangle(x,y,x1,y1);
    END;

  PROCEDURE rechteck2.in(linie1,linie2,linie3,linie4 : linie);

    BEGIN
     l1 := linie1;
     l2 := linie2;
     l3 := linie3;
     l4 := linie4;
```

```
END;

PROCEDURE rechteck2.out(VAR linie1,linie2,linie3,linie4 : linie);

  BEGIN
    linie1 := l1;
    linie2 := l2;
    linie3 := l3;
    linie4 := l4;
  END;

PROCEDURE rechteck2.zeigen;

  BEGIN
    l1.zeigen;
    l2.zeigen;
    l3.zeigen;
    l4.zeigen;
  END;

BEGIN
END.
```

Die Hauptidee der Grafikanimation ist, grafische Elemente schnell hintereinander auf dem Bildschirm auftauchen und wieder verschwinden zu lassen, so daß der Betrachter den Eindruck von Bewegung vermittelt bekommt.

Nun ist es nicht notwendig, Bildschirme nach jedem Schritt vollständig zu löschen, wenn nur ein Element von vielen bewegt wird. Es wird also eine Löschroutine für jedes Objekt benötigt. Eine solche kann man allgemein so formulieren:

- aktuelle Zeichenfarbe merken

- Hintergrundfarbe als Zeichenfarbe setzen

- Objekt zeigen (Zeige-Prozedur), damit also übermalen

- Zeichenfarbe wieder auf gespeicherten Wert zurücksetzen

Diese allgemeine Form trifft für jedes Objekt zu. Es kommt hier ein weiterer Grundgedanke der Grafikanimation zum Tragen, die sogenannte "Polymorphie". Das bedeutet, daß diese Operation nur einmal programmiert werden muß, und zwar als virtuelle

Prozedur. Damit kann sie in die Objekte, die davon abgeleitet werden, <u>vererbt</u> werden. Ohne dieses also für jedes Element extra programmieren zu müssen, ist die Löschproze- dur dann schon vorhanden, wenn die nur für "Punkt" definiert und explizit ausgeschrieben wurde.

Das Listing hat dann folgende Form:

```
PROGRAM definition_der_objekte_und_organisation;

 USES graph;

 TYPE punkt     = OBJECT
             x,
             y   : REAL;

             CONSTRUCTOR init(xwert,ywert : REAL);
             procedure out(VAR xwert,ywert : REAL);
             procedure zeigen; virtual;
             procedure loeschen; virtual;
             END;

    linie    = OBJECT(punkt)
             x1,
             y1  : REAL;

             CONSTRUCTOR init(xwert,ywert,x1wert,y1wert : REAL);
             procedure out(VAR xwert,ywert,x1wert,y1wert : REAL);
             procedure zeigen; virtual;
             END;

    kreis    = OBJECT(punkt)
             radius : REAL;

             CONSTRUCTOR init(xwert,ywert,rad : REAL);
             procedure out(VAR xwert,ywert,rad : REAL);
             procedure zeigen; virtual;
             END;

    rechteck  = OBJECT(linie)
             procedure zeigen; virtual;

             {Restprozeduren von "linie" geerbt!}
             END;
```

```
{-------------------------ObjektPunkt--------------------------}

CONSTRUCTOR punkt.init(xwert,ywert : REAL);

 BEGIN
  x := xwert;
  y := ywert;
 END;

PROCEDURE punkt.out(VAR xwert,ywert : REAL);

 BEGIN
  xwert := x;
  ywert := y;
 END;

PROCEDURE punkt.zeigen;

 BEGIN
  putpixel(round(x),round(y),getcolor);
        {Pixel an der Stelle (x,y) mit akt.Zeichenfarbe}
 END;

PROCEDURE punkt.loeschen;

 VAR altfarbe : WORD;

 BEGIN
  altfarbe := getcolor;
  setcolor(getbkcolor);
  zeigen;
  setcolor(altfarbe);
 END;
{-------------------------ObjektLinie--------------------------}

CONSTRUCTOR linie.init(xwert,ywert,x1wert,y1wert : REAL);

 BEGIN
  x := xwert;
  y := ywert;
  x1 := x1wert;
  y1 := y1wert;
 END;
```

```
PROCEDURE linie.out(VAR xwert,ywert,x1wert,y1wert : REAL);

  BEGIN
    xwert := x;
    ywert := y;
    x1wert := x1;
    y1wert := y1;
  END;

PROCEDURE linie.zeigen;

  BEGIN
    line(round(x),round(y),round(x1),round(y1));
  END;

{--------------------------ObjektKreis--------------------------}

CONSTRUCTOR kreis.init(xwert,ywert,rad : REAL);

  BEGIN
    x := xwert;
    y := ywert;
    radius := rad;
  END;

PROCEDURE kreis.out(VAR xwert,ywert,rad : REAL);

  BEGIN
    xwert := x;
    ywert := y;
    rad := radius;
  END;

PROCEDURE kreis.zeigen;

  BEGIN
    circle(round(x),round(y),round(radius));
  END;

{--------------------------Objekt Rechteck 1--------------------------}

PROCEDURE rechteck.zeigen;

  BEGIN
    rectangle(round(x),round(y),round(x1),round(y1));
  END;
```

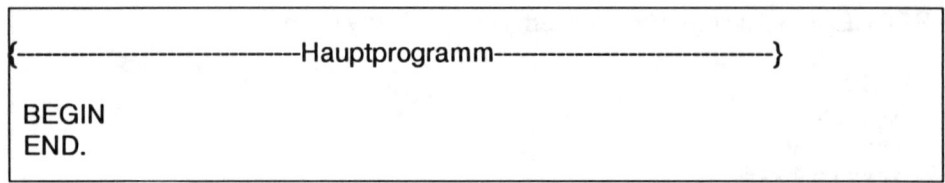

Bereits jetzt erkennt man eine gewisse Struktur: Alle Objekte stammen gewissermaßen vom Punkt ab. Objektspezifisches allerdings ist für das entsprechende Element auszeichnend. So kommt z.B. beim Kreis die Angabe eines Radius hinzu, bei der Linie ist es ein weiterer Punkt.

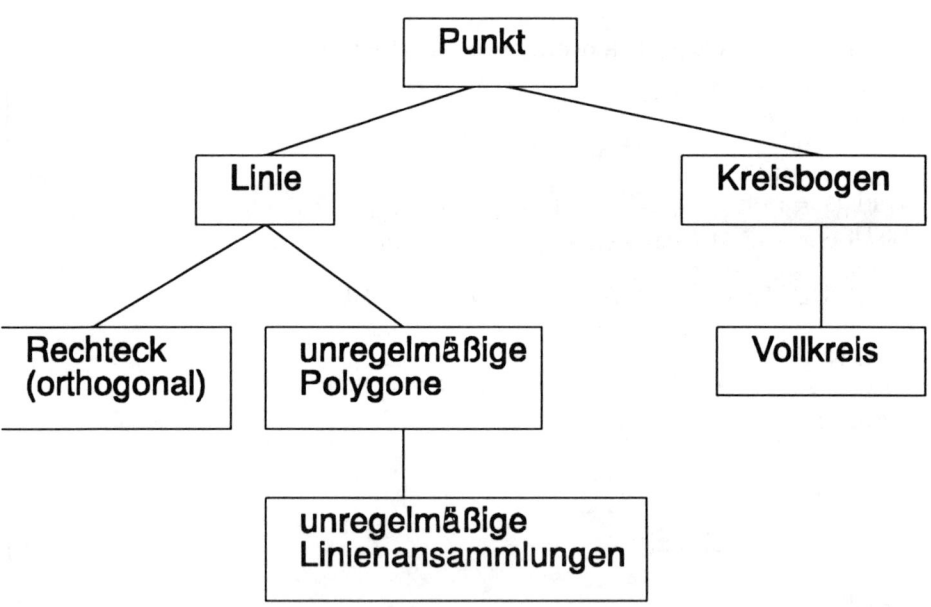

Bild 4-1   *Hierarchie zwischen Objekten*

Kapitel 5

Einfache
Manipulationsroutinen

Verschiebung (einfache Transformation)

Hier nun sollen endlich die Manipulationsroutinen behandelt werden. Die einfachste dieser Art ist die Verschiebung. Aufgabe ist, ein Objekt auf dem Bildschirm zu bewegen. Es ist einleuchtend, daß dazu lediglich seine Koordinaten zu ändern sind. Wie geschieht dies jedoch in der Vektor-Betrachtung?

Fangen wir klein an und betrachten das Objekt "Punkt". Der Punkt ist das unkomplizier- teste Element und besitzt zwei Koordinaten, eine x- und eine y-Koordinate, die seine Position auf dem Bildschirm markieren.

Angenommen, wir wollten den Vektor (denn nichts anderes ist der Punkt) um 10 Punkte in x-Richtung und um 30 Punkte in y-Richtung bewegen, dann berechnen sich die neuen Koordiaten (x,y) des Punktes folgendermaßen:

$$x' = x + 10$$
$$y' = y + 30$$

Damit wären die Koordinaten bestimmt. Betrachten wir aber nun die Werte der Verschie- bung als eigenständigen Vektor, sieht die Rechnung folgendermaßen aus:

$$\begin{pmatrix} x' \\ y' \end{pmatrix} = \begin{pmatrix} x \\ y \end{pmatrix} + \begin{pmatrix} 10 \\ 30 \end{pmatrix} = \begin{pmatrix} x + 10 \\ y + 30 \end{pmatrix}$$

Schreibt man dies in allgemeiner Form, so entspricht es voll und ganz der Vektoraddition, die wir bereits im Einführungskapitel kennengelernt haben. Dies ist gleichzeitig der anschauliche Beweis für die Richtigkeit dieser Regel. Die Grafik zeigt die Vektorverschiebung noch einmal grafisch:

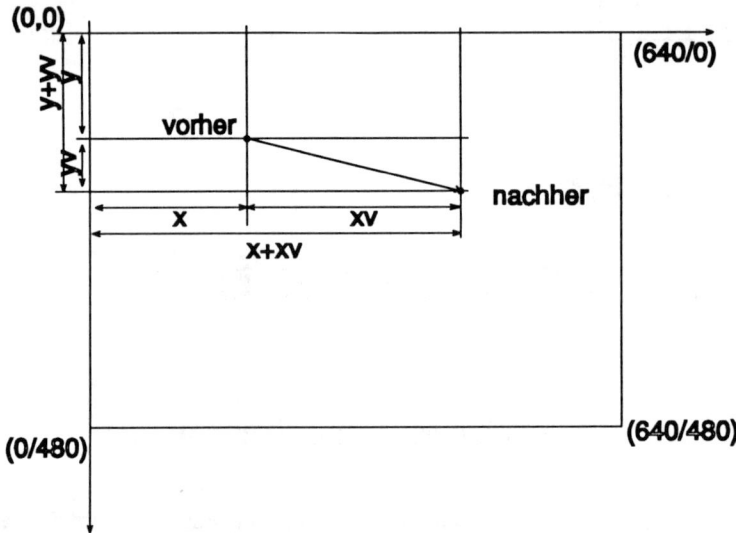

Bild 5-1   *So wird ein Vektor verschoben*

Analoges gilt auch für weitere Objekte:

Kreis:

Hier wird der Vektor (Kreismittelpunkt) nach der Regel der Vektoraddition verschoben, der Radius bleibt erhalten.

Linie:

Hier müssen beide Punkte (Anfangs-und Endpunkt) verschoben werden, um eine deckungsgleiche Linie zu erzeugen.

Rechteck:

Das Rechteck entspricht weitestgehend der Linie. Es müssen auch hier beide Punkte verschoben werden.

Das nachfolgende Programm faßt die bisherigen Kapitel zusammen. Mit den entsprechenden Tasten können Sie verschiedene Objekte auf dem Bildschirm erzeugen. Mit den Cursortasten kann das Objekt bewegt werden, ein Druck auf RETURN beendet das Programm.

(Pfeiltasten)   bewegen das Objekt

"ENTER"   Programmende

```
PROGRAM definition_der_objekte_und_organisation;

 USES graph,crt;

 TYPE punkt     = OBJECT
              x,
              y  : REAL;

              CONSTRUCTOR init(xwert,ywert : REAL);
              procedure out(VAR xwert,ywert : REAL);
              procedure zeigen; virtual;
              procedure loeschen; virtual;
              procedure addition(dx,dy : REAL); virtual;

              procedure verschieben(dx,dy : REAL); virtual;
            END;

     linie   = OBJECT(punkt)
              x1,
              y1  : REAL;

              CONSTRUCTOR init(xwert,ywert,x1wert,y1wert : REAL);
              procedure out(VAR xwert,ywert,x1wert,y1wert : REAL);
              procedure zeigen; virtual;
              procedure addition(dx,dy : REAL); virtual;

              {Prozedur VERSCHIEBEN wurde geerbt!}
            END;

     kreis   = OBJECT(punkt)
              radius : REAL;

              CONSTRUCTOR init(xwert,ywert,rad : REAL);
              procedure out(VAR xwert,ywert,rad : REAL);
              procedure zeigen; virtual;

              {Prozeduren ADDITION und VERSCHIEBEN von "punkt" geerbt!}
            END;

     rechteck  = OBJECT(linie)
```

```
              procedure zeigen; virtual;

              {Restprozeduren von "linie" geerbt!}
              END;

{--------------------------Objekt Punkt--------------------------}

CONSTRUCTOR punkt.init(xwert,ywert : REAL);

  BEGIN
    x := xwert;
    y := ywert;
  END;

PROCEDURE punkt.out(VAR xwert,ywert : REAL);

  BEGIN
    xwert := x;
    ywert := y;
  END;

PROCEDURE punkt.zeigen;

  BEGIN
    putpixel(round(x),round(y),getcolor);
           {Pixel an der Stelle (x,y) mit akt.Zeichenfarbe}
  END;

PROCEDURE punkt.loeschen;

  VAR altfarbe : WORD;

  BEGIN
    altfarbe := getcolor;
    setcolor(getbkcolor);
    zeigen;
    setcolor(altfarbe);
  END;

PROCEDURE punkt.addition(dx,dy : REAL);

  BEGIN
    x := x + dx;
    y := y + dy;
  END;
```

```
PROCEDURE punkt.verschieben(dx,dy : REAL);

  BEGIN
   loeschen;
   addition(dx,dy);
   zeigen;
  END;

{---------------------------ObjektLinie----------------------------}

CONSTRUCTOR linie.init(xwert,ywert,x1wert,y1wert : REAL);

  BEGIN
   x := xwert;
   y := ywert;
   x1 := x1wert;
   y1 := y1wert;
  END;

PROCEDURE linie.out(VAR xwert,ywert,x1wert,y1wert : REAL);

  BEGIN
   xwert := x;
   ywert := y;
   x1wert := x1;
   y1wert := y1;
  END;

PROCEDURE linie.zeigen;

  BEGIN
   line(round(x),round(y),round(x1),round(y1));
  END;

PROCEDURE linie.addition;

  BEGIN
   x := x + dx;
   y := y + dy;
   x1 := x1 + dx;
   y1 := y1 + dy;
  END;

{---------------------------ObjektKreis----------------------------}
```

```
CONSTRUCTOR kreis.init(xwert,ywert,rad : REAL);

  BEGIN
   x := xwert;
   y := ywert;
   radius := rad;
  END;

PROCEDURE kreis.out(VAR xwert,ywert,rad : REAL);

  BEGIN
   xwert := x;
   ywert := y;
   rad := radius;
  END;

PROCEDURE kreis.zeigen;

  BEGIN
   circle(round(x),round(y),round(radius));
  END;

{---------------------------Objekt Rechteck 1-------------------------}

PROCEDURE rechteck.zeigen;

  BEGIN
   rectangle(round(x),round(y),round(x1),round(y1));
  END;

{---------------------------Hauptprogramm-------------------------}

{ Ab hier stehen alle Verschiebungsprozeduren für die vordefinierten Objekte }
{ zur Verfügung!                                           }

VAR
  graphdriver,
  graphmode,
  dx,
  dy          : INTEGER;
  ch,ch1      : CHAR;
  opunkt      : punkt;
  olinie      : linie;
  orechteck   : rechteck;
```

```
  okreis      : kreis;

BEGIN

  { Anzeigeobjekte vordefinieren }
  okreis.init(120,50,50);
  orechteck.init(100,40,250,110);
  opunkt.init(140,65);
  olinie.init(100,60,150,110);


  { Grafikmodus einschalten }
  graphdriver := detect;
  initgraph(graphdriver,graphmode,'c:\tp\bgi');

  { Objekte darstellen }
  okreis.zeigen;
  orechteck.zeigen;
  olinie.zeigen;
  opunkt.zeigen;

  { Arbeitsschleife }
  repeat
    ch := readkey;
    case ch of
      #0  : BEGIN
            ch1 := readkey;
            dx := 0;
            dy := 0;
            case ch1 of
              #72 : dy := -5; { Cursor auf   }
              #80 : dy := 5;  { Cursor ab    }
              #75 : dx := -5; { Cursor links }
              #77 : dx := 5;  { Cursor rechts }
              else ;
            END;
            opunkt.verschieben(dx,dy);
            olinie.verschieben(dx,dy);
            okreis.verschieben(dx,dy);
            orechteck.verschieben(dx,dy);
          END;
      #13 : ;
    END;
  UNTIL ch=#13; { abbrechen, wenn RETURN gedrückt wurde }
  closegraph; { zurückkehren zum Text-Modus }
END.
```

Spiegelung an der y-Achse

Eine weitere sehr interessante Operation ist die Spiegelung eines Objektes an einer Achse. Die Spiegelung an der Achse mit der Koordinate x=0, also die y-Achse, wird hier als erstes behandelt.

Zunächst ist vorauszuschieben, daß die vektorielle Speicherung grafischer Objekte weiterhin noch den Vorteil mit sich bringt, daß weitaus mehr als auf dem Bildschirm sichtbar abgespeichert werden kann. In Wirklichkeit ist das Koordinatensystem Bildschirm um den Ursprung herum noch wesentlich größer, wobei auch negative Koordinaten beachtet und korrekt berechnet werden.

Betrachten wir nun die Spiegelung, so kann man sie sicherlich am besten durch folgende Grafik beschreiben

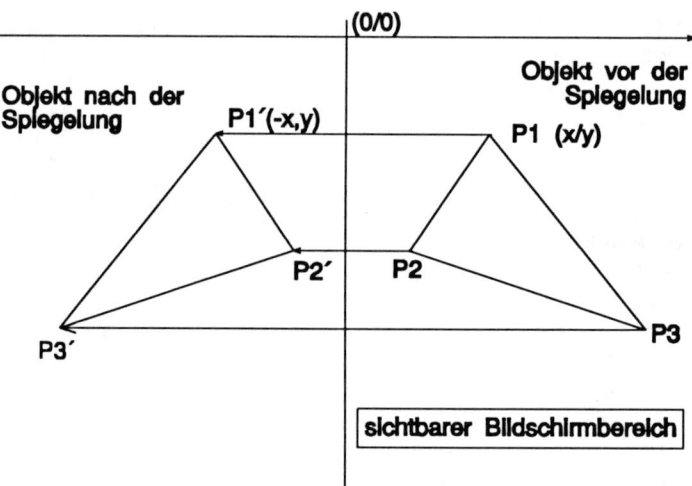

Bild 5-2 *Spiegelung an der y-Achse*

Hier wird deutlich, daß mit der y-Achse, dem linken Bildschirmrand, das Koordinatensystem sicherlich nicht endet, sondern noch sehr viel weiter verläuft. Betrachten wir nun das Beispielobjekt auf der rechten Seite und das manipulierte, an der y-Achse gespiegelte Dreieck auf der linken Seite. Vergleicht man die Koordinaten, stellt man fest, daß die y-Koordinaten vor und nach der Spiegelung immer gleich bleiben, während die x-Koordinaten immer um den Vorfaktor -1 verschieden sind. Daraus folgt für die Spiegelung an der y-Achse folgende Zuordnungsvorschrift:

$$\begin{pmatrix} x' \\ y' \end{pmatrix} = \begin{pmatrix} (-1) \cdot x \\ y \end{pmatrix}$$

Spiegelung an x-Achse

Ähnlich verläuft die Spiegelung an der x-Achse. Hier muß man sich vorstellen, daß das Koordinatensystem nicht nur links neben dem Bildschirmrand, sondern nach oben, oberhalb des sichtbaren Bildschirmes existiert. Dann verläuft die Manipulation der Spiegelung folgendermaßen:

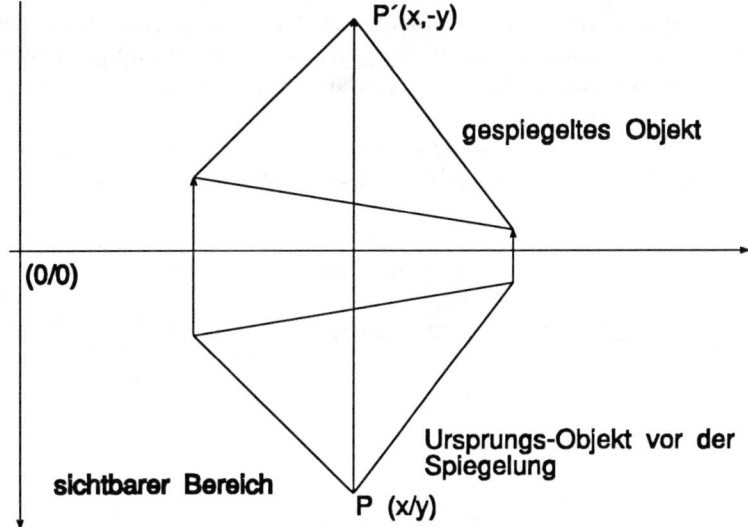

Bild 5-3   *Analog: Die x-Achsen-Spiegelung*

Analog zur y-Achsen-Spiegelung läßt sich die Manipulation auf folgende Formel bringen:

$$\begin{pmatrix} x' \\ y' \end{pmatrix} = \begin{pmatrix} x \\ (-1) \cdot y \end{pmatrix}$$

Spiegelung an einer beliebigen Achse

Letztlich kann man auf sehr einfache Weise die oben beschriebenen Spiegelungen durchführen. Ein Manko besteht bisher allerdings noch: Bei einer solchen grafischen Veränderung befindet sich das Objekt nicht mehr auf dem sichtbaren Bereich des Koordinatensystems. Abhilfe schafft hier, nicht an einer Rand-Achse, wie der x- oder y-Achse, zu spiegeln, sondern eine beliebige Achse auszuwählen. Es soll hier expilizit nur die Spiegelung an einer vertikalen Achse (Parallelachse zur y-Achse) durchgeführt und erklärt werden. Andere Achsen lassen sich vollkommen analog bearbeiten.

Zunächst wird man feststellen, daß es gar nicht so einfach ist, direkt an einer Achse zu spiegeln. Es ist möglich, jedoch nur mit relativ vielen Rechenschritten. Nachdem ich aber denke, es sei sinnvoll, es möglichst einfach zu halten, werde ich nur die Prozeduren benutzen, die bisher bekannt sind.

Wir kennen die Spiegelung bisher nur an der y-Achse. Es ist nun ein einfaches, das Objekt auf die y-Achse zu verschieben, dann zu spiegeln und schließlich wieder zurückzuschieben. Das Ganze bleibt natürlich für den Betrachter unsichtbar.

Denken wir wieder an ein Objekt, zum Beispiel unser Dreieck, und denken uns, wir wollten es an der Achse x=100 spiegeln. Wir gehen dann wie folgt vor:

Zunächst benutzen wir unsere Verschiebungs-Routine und verschieben das Objekt um x=-100 und y=0 auf die Koordinatenachse. Danach spiegeln wir an der Achse und verschieben das neue, gespiegelte Objekt um x=100 und y=0 auf seine (neue) Position. Erst jetzt tritt die Prozedur "zeigen" auf und zeigt dem Betrachter nur das Ergebnis der Prozedur.

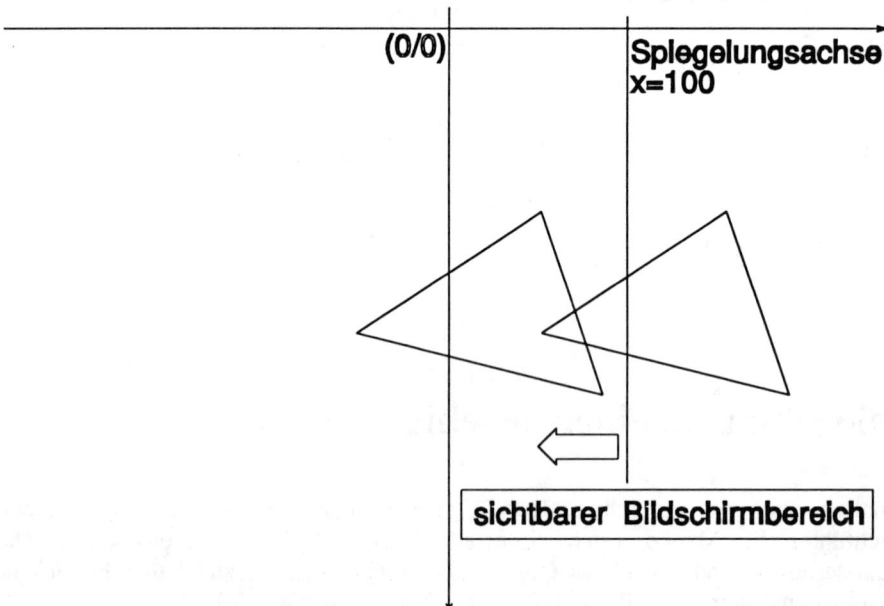

Bild 5-4   *So wird gespiegelt: der 1. Schritt*

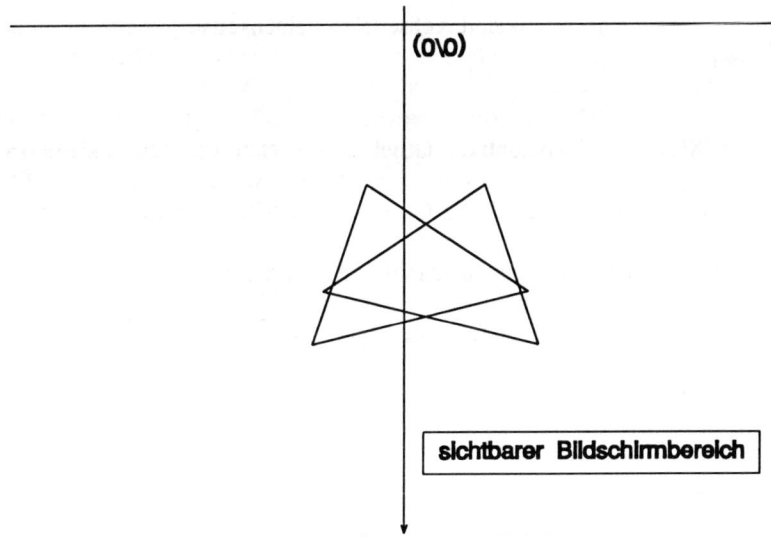

Bild 5-5   *Spiegelung - Teil 2*

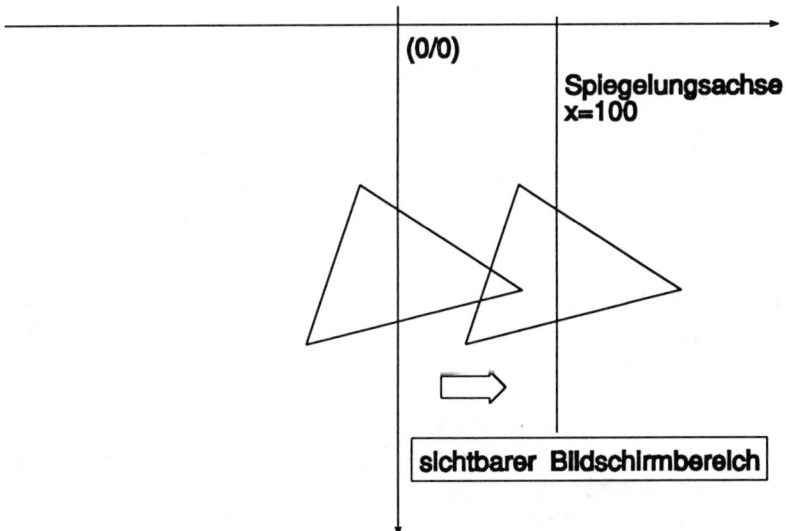

Bild 5-6   *Der letzte Schritt zur Spiegelung*

Das folgende Listing ist schließlich eine Ergänzung, um das bisher bekannte in ein lauffähiges Programm unzusetzen und nicht zuletzt auch dessen Funktion zu testen. Auch die Tastenbelegungen haben sich erweitert. Zu den bisherigen Tasten sind hinzugekommen:

"x"	spiegelt das Objekt an der x-Achse
"y"	spiegelt das Objekt an der y-Achse
"X"	spiegelt das Objekt an der Achse am Bildschirmhorizont
"Y"	spiegelt das Objekt an der Bildschirmmittelsenkrechten

Das folgende Listing führt die Prozeduren im Programmtext aus:

```
PROGRAM definition_der_objekte_und_organisation;

USES graph,crt;

TYPE punkt    = OBJECT
              x,
              y   : REAL;

              CONSTRUCTOR init(xwert,ywert : REAL);
              procedure out(VAR xwert,ywert : REAL);
              procedure zeigen; virtual;
              procedure loeschen; virtual;
              procedure addition(dx,dy : REAL); virtual;
              procedure mult(mx,my : REAL); virtual;

              procedure verschieben(dx,dy : REAL); virtual;
              procedure spiegeln_x_achse(ywert : REAL); virtual;
              procedure spiegeln_y_achse(xwert : REAL); virtual;
              END;

     linie    = OBJECT(punkt)
              x1,
              y1   : REAL;

              CONSTRUCTOR init(xwert,ywert,x1wert,y1wert : REAL);
              procedure out(VAR xwert,ywert,x1wert,y1wert : REAL);
              procedure zeigen; virtual;
              procedure addition(dx,dy : REAL); virtual;
              procedure mult(mx,my : REAL); virtual;

              {Prozedur VERSCHIEBEN und SPIEGELN wurden geerbt!}
              END;

     kreis    = OBJECT(punkt)
              radius : REAL;
```

```
            CONSTRUCTOR init(xwert,ywert,rad : REAL);
            procedure out(VAR xwert,ywert,rad : REAL);
            procedure zeigen; virtual;

                {Prozeduren ADDITION, VERSCHIEBEN und SPIEGELN von
'punkt" geerbt!}
            END;

   rechteck  = OBJECT(linie)
            procedure zeigen; virtual;

            {Restprozeduren von "linie" geerbt!}
            END;

{----------------------------Objekt Punkt----------------------------}

CONSTRUCTOR punkt.init(xwert,ywert : REAL);

  BEGIN
   x := xwert;
   y := ywert;
  END;

PROCEDURE punkt.out(VAR xwert,ywert : REAL);

  BEGIN
   xwert := x;
   ywert := y;
  END;

PROCEDURE punkt.zeigen;

  BEGIN
   putpixel(round(x),round(y),getcolor);
        {Pixel an der Stelle (x,y) mit akt.Zeichenfarbe}
  END;

PROCEDURE punkt.loeschen;

  VAR altfarbe : WORD;

  BEGIN
   altfarbe := getcolor;
   setcolor(getbkcolor);
```

```
   zeigen;
   setcolor(altfarbe);
  END;

PROCEDURE punkt.addition(dx,dy : REAL);

  BEGIN
   x := x + dx;
   y := y + dy;
  END;

PROCEDURE punkt.mult(mx,my : REAL);

  BEGIN
   x := x * mx;
   y := y * my;
  END;

PROCEDURE punkt.verschieben(dx,dy : REAL);

  BEGIN
   addition(dx,dy);
  END;

PROCEDURE punkt.spiegeln_x_achse(ywert : REAL);

  BEGIN
   verschieben(0,(-1)*ywert);
   mult(1,-1);
   verschieben(0,ywert);
  END;

PROCEDURE punkt.spiegeln_y_achse(xwert : REAL);

  BEGIN
   verschieben((-1)*xwert,0);
   mult(-1,1);
   verschieben(xwert,0);
  END;
{--------------------------ObjektLinie--------------------------}

CONSTRUCTOR linie.init(xwert,ywert,x1wert,y1wert : REAL);

  BEGIN
```

```
   x := xwert;
   y := ywert;
   x1 := x1wert;
   y1 := y1wert;
 END;

PROCEDURE linie.out(VAR xwert,ywert,x1wert,y1wert : REAL);

 BEGIN
   xwert := x;
   ywert := y;
   x1wert := x1;
   y1wert := y1;
 END;

PROCEDURE linie.zeigen;

 BEGIN
   line(round(x),round(y),round(x1),round(y1));
 END;

PROCEDURE linie.addition;

 BEGIN
   x := x + dx;
   y := y + dy;
   x1 := x1 + dx;
   y1 := y1 + dy;
 END;

PROCEDURE linie.mult;

 BEGIN
   x := x * mx;
   y := y * my;
   x1 := x1 * mx;
   y1 := y1 * my;
 END;

{----------------------------ObjektKreis----------------------------}

CONSTRUCTOR kreis.init(xwert,ywert,rad : REAL);

 BEGIN
   x := xwert;
```

```
    y := ywert;
    radius := rad;
  END;

PROCEDURE kreis.out(VAR xwert,ywert,rad : REAL);

  BEGIN
   xwert := x;
   ywert := y;
   rad := radius;
  END;

PROCEDURE kreis.zeigen;

  BEGIN
   circle(round(x),round(y),round(radius));
  END;

{---------------------------Objekt Rechteck 1-------------------------}

PROCEDURE rechteck.zeigen;

  BEGIN
   rectangle(round(x),round(y),round(x1),round(y1));
  END;

{----------------------------Hauptprogramm---------------------------}

{ Ab hier stehen alle Verschiebungsprozeduren für die vordefinierten Objekte }
{ zur Verfügung!                                                      }
{ Bemerkung : Ausnahmsweise darf die Prozedur "löschen" nicht benutzt wer-
den!}

VAR
  graphdriver,
  graphmode    : INTEGER;
  xwert,
  ywert        : REAL;
  ch,ch1       : CHAR;
  opunkt       : punkt;
  olinie       : linie;
  orechteck    : rechteck;
  okreis       : kreis;

BEGIN
```

```
{ Anzeigeobjekte vordefinieren }
okreis.init(120,50,50);
orechteck.init(100,40,250,110);
opunkt.init(140,65);
olinie.init(100,60,150,110);


{ Grafikmodus einschalten }
graphdriver := detect;
initgraph(graphdriver,graphmode,'c:\tp\bgi');


{ Arbeitsschleife }
REPEAT

  { Objekte darstellen }
  cleardevice;
  okreis.zeigen;
  orechteck.zeigen;
  olinie.zeigen;
  opunkt.zeigen;

  ch := readkey;
  case ch of
   'x' : BEGIN
       okreis.spiegeln_x_achse(0);
       orechteck.spiegeln_x_achse(0);
       olinie.spiegeln_x_achse(0);
       opunkt.spiegeln_x_achse(0);
     END;
   'y' : BEGIN
       okreis.spiegeln_y_achse(0);
       orechteck.splegeln_y_achse(0);
       olinie.spiegeln_y_achse(0);
       opunkt.spiegeln_y_achse(0);
     END;
   'X' : BEGIN
       okreis.spiegeln_x_achse(240);
       orechteck.spiegeln_x_achse(240);
       olinie.spiegeln_x_achse(240);
       opunkt.spiegeln_x_achse(240);
     END;
   'Y' : BEGIN
       okreis.spiegeln_y_achse(320);
```

```
        orechteck.spiegeln_y_achse(320);
        olinie.spiegeln_y_achse(320);
        opunkt.spiegeln_y_achse(320);
      END;
   else write(#7);
  END;
 UNTIL ch=#13;
 closegraph; { zurückkehren zum Text-Modus }
END.
```

Dehnung an einer Achse

Besonders schöne Effekte erhält man, indem man ein Objekt so verändert, daß es doppelt
so breit oder doppelt so hoch erscheint. Diese Form der Veränderung nennt man Dehnung.
Betrachten wir jedoch zunächt einmal ein Beispiel: Hier soll das dargestellte Haus auf
doppelte Breite gebracht werden.

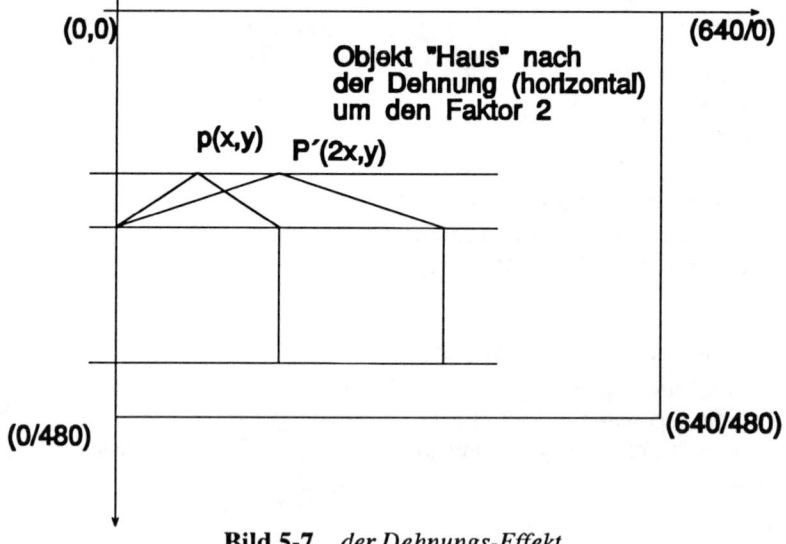

Bild 5-7 *der Dehnungs-Effekt*

Es ist einleuchtend, daß sich die x-Koordinaten verändern, während die y-Koordinaten
konstant bleiben. Da wir eine Verdopplung der Objektbreite erreichen wollten, verändert
sich die x-Koordinate um den Faktor 2. Für alle am Objekt beteiligten Punkte gibt es nun
folgende Veränderung:

$$\begin{pmatrix} x' \\ y' \end{pmatrix} = \begin{pmatrix} 2 \cdot x \\ y \end{pmatrix}$$

Angewandt auf die Punkte des Objektes verändern sich alle x-Koordinaten um den Dehnungsfaktor 2.

Vollkommen analog kann man die Dehnung in y-Richtung behandeln. Hier entsteht folgende Umformungsvorschrift:

$$\begin{pmatrix} x' \\ y' \end{pmatrix} = \begin{pmatrix} x \\ 2 \cdot y \end{pmatrix}$$

Dehnung an einer beliebigen Achse

Bisher konnte man mit den Neuberechnungen bei der Dehnungsoperation ein Objekt nur gegenüber einer Koordinatenachse dehnen. Es ist nun letztlich auch nicht zu schwer, bezüglich einer beliebigen Achse zu dehnen. Ähnlich wie bei der Spiegelung sind auch hier drei Schritte notwendig (ausgeführt für eine Parallele zur y-Achse durch die Koordinate x):

- Verschiebung des Objektes um (-x,0)

- konventionelle Dehnung ausführen

- Verschiebung des Objektes um (x,0)

Kombination von Dehnungsmanipulationen

Es ist nun auch nicht weiter schwer, ein Objekt um beliebige Faktoren bezüglich eines beliebigen Punktes zu vergrößern oder zu verkleinern. Diese Art der Veränderung, Skalierung genannt, basiert lediglich auf der Operation Dehnen und arbeitet folgendermaßen:

Nehmen wir an, wir wollten ein Objekt bezüglich des Bezugspunktes (Bx,By) um die Faktoren (Vx,Vy) skalieren. Dann ist so vorzugehen, daß zunächst in x-Richtung an der Achse durch Bx um den Faktor Vx skaliert wird, als nächstes dann in y-Richtung an der Achse y=By um den Faktor Vy gedehnt wird. Da hier ausnahmsweise die Reihenfolge kommutativ, also gegeneinander austauschbar ist, kann auch etwas "sortierter" vorgegangen werden (komplette Routine):

- Verschiebung (Transformation) um (-Bx,-By):

$$\begin{pmatrix} x' \\ y' \end{pmatrix} = \begin{pmatrix} x - Bx \\ y - By \end{pmatrix}$$

- Dehnung an beiden Achsen um die Faktoren (Vx,Vy):

$$\begin{pmatrix} x'' \\ y'' \end{pmatrix} = \begin{pmatrix} x' \cdot Vx \\ y' \cdot Vy \end{pmatrix}$$

- Zurückverschiebung um (Bx,By):

$$\begin{pmatrix} x''' \\ y''' \end{pmatrix} = \begin{pmatrix} x'' \cdot Bx \\ y'' \cdot By \end{pmatrix}$$

Zusammengefaßt ergibt sich folgeldes Formelbild (Die Gesamtmanipulation erfolgt von (x,y) nach (x''',y''')):

$$\begin{pmatrix} x''' \\ y''' \end{pmatrix} = \begin{pmatrix} x'' \cdot Bx \\ y'' \cdot By \end{pmatrix}$$

Ersetzen von x'', y'' durch einen entsprechenden Ersatzausdruck:

$$\begin{pmatrix} x''' \\ y''' \end{pmatrix} = \begin{pmatrix} (x' \cdot Vx) + Bx \\ (y' \cdot Vy) + By \end{pmatrix}$$

Ersetzen von x', y' durch den entsprechenden Ersatzausdruck (**Endformel**):

$$\begin{pmatrix} x''' \\ y''' \end{pmatrix} = \begin{pmatrix} ((x - Bx) \cdot Vx) + Bx \\ ((y - By) \cdot Vy) + By \end{pmatrix}$$

Durch diese doch schon komplexer aussehende Prozedur lassen sich die einzelnen Punkte von Objekten bezüglich eines beliebigen Punktes (Bx,By) um die Faktoren (Vx,Vy) verändern. Das folgende kleine Programm erzeugt zufallsgesteuert eine Linie und skaliert sie nach jedem Tastendruck um Zufallsfaktoren bezüglich der Bildmitte. Sie werden feststellen, daß sich einfache Verkleinerungen auf diese Weise herrlich darstellen lassen. Wählt man eine stetige Verkleinerung, so bekommt man den Eindruck, das Objekt verschwinde im Hintergrund.

Das Programm läßt sich mit folgenden Tasten steuern:

>   "n"   erzeugt eine neue Linie
>
>   Leertaste   bewirkt neue Zufallsskalierung
>
>   RETURN   beendet das Programm

```
PROGRAM definition_der_objekte_und_organisation;

 USES graph,crt;

 TYPE punkt     = OBJECT
              x,
              y   : REAL;

              CONSTRUCTOR init(xwert,ywert : REAL);
              procedure out(VAR xwert,ywert : REAL);
              procedure zeigen; virtual;
              procedure loeschen; virtual;
              procedure addition(dx,dy : REAL); virtual;
              procedure mult(mx,my : REAL); virtual;

              procedure verschieben(dx,dy : REAL); virtual;
              procedure spiegeln_x_achse(ywert : REAL); virtual;
              procedure spiegeln_y_achse(xwert : REAL); virtual;
              procedure skalieren(xwert,ywert,sx,sy : REAL); virtual;
              END;

     linie   = OBJECT(punkt)
              x1,
              y1  : REAL;

              CONSTRUCTOR init(xwert,ywert,x1wert,y1wert : REAL);
              procedure out(VAR xwert,ywert,x1wert,y1wert : REAL);
              procedure zeigen; virtual;
              procedure addition(dx,dy : REAL); virtual;
              procedure mult(mx,my : REAL); virtual;
```

```
            {Prozedur VERSCHIEBEN und SPIEGELN wurden geerbt!}
            END;

   kreis    = OBJECT(punkt)
            radius : REAL;

            CONSTRUCTOR init(xwert,ywert,rad : REAL);
            procedure out(VAR xwert,ywert,rad : REAL);
            procedure zeigen; virtual;

                {Prozeduren ADDITION, VERSCHIEBEN und SPIEGELN von
"punkt" geerbt!}
            END;

   rechteck  = OBJECT(linie)
            procedure zeigen; virtual;

            {Restprozeduren von "linie" geerbt!}
            END;

{---------------------------ObjektPunkt-----------------------------}

CONSTRUCTOR punkt.init(xwert,ywert : REAL);

  BEGIN
   x := xwert;
   y := ywert;
  END;

PROCEDURE punkt.out(VAR xwert,ywert : REAL);

  BEGIN
   xwert := x;
   ywert := y;
  END;

PROCEDURE punkt.zeigen;

  BEGIN
   putpixel(round(x),round(y),getcolor);
        {Pixel an der Stelle (x,y) mit akt.Zeichenfarbe}
  END;

PROCEDURE punkt.loeschen;
```

```
VAR altfarbe : WORD;

BEGIN
  altfarbe := getcolor;
  setcolor(getbkcolor);
  zeigen;
  setcolor(altfarbe);
END;

PROCEDURE punkt.addition(dx,dy : REAL);

BEGIN
  x := x + dx;
  y := y + dy;
END;

PROCEDURE punkt.mult(mx,my : REAL);

BEGIN
  x := x * mx;
  y := y * my;
END;

PROCEDURE punkt.verschieben(dx,dy : REAL);

BEGIN
  addition(dx,dy);
END;

PROCEDURE punkt.spiegeln_x_achse(ywert : REAL);

BEGIN
  verschieben(0,(-1)*ywert);
  mult(1,-1);
  verschieben(0,ywert);
END;

PROCEDURE punkt.spiegeln_y_achse(xwert : REAL);

BEGIN
  verschieben((-1)*xwert,0);
  mult(-1,1);
  verschieben(xwert,0);
END;
```

```
PROCEDURE punkt.skalieren(xwert,ywert,sx,sy : REAL);

 BEGIN
  verschieben((-1)*xwert,(-1)*ywert);
  mult(sx,sy);
  verschieben(xwert,ywert);
 END;

{---------------------------ObjektLinie---------------------------}

CONSTRUCTOR linie.init(xwert,ywert,x1wert,y1wert : REAL);

 BEGIN
  x := xwert;
  y := ywert;
  x1 := x1wert;
  y1 := y1wert;
 END;

PROCEDURE linie.out(VAR xwert,ywert,x1wert,y1wert : REAL);

 BEGIN
  xwert := x;
  ywert := y;
  x1wert := x1;
  y1wert := y1;
 END;

PROCEDURE linie.zeigen;

 BEGIN
  line(round(x),round(y),round(x1),round(y1));
 END;

PROCEDURE linie.addition;

 BEGIN
  x := x + dx;
  y := y + dy;
  x1 := x1 + dx;
  y1 := y1 + dy;
 END;

PROCEDURE linie.mult;
```

```
BEGIN
 x := x * mx;
 y := y * my;
 x1 := x1 * mx;
 y1 := y1 * my;
END;
```

{--------------------------Objekt Kreis--------------------------}

```
CONSTRUCTOR kreis.init(xwert,ywert,rad : REAL);

BEGIN
 x := xwert;
 y := ywert;
 radius := rad;
END;

PROCEDURE kreis.out(VAR xwert,ywert,rad : REAL);

BEGIN
 xwert := x;
 ywert := y;
 rad := radius;
END;

PROCEDURE kreis.zeigen;

BEGIN
 circle(round(x),round(y),round(radius));
END;
```

{--------------------------Objekt Rechteck 1--------------------------}

```
PROCEDURE rechteck.zeigen;

BEGIN
 rectangle(round(x),round(y),round(x1),round(y1));
END;
```

{--------------------------Hauptprogramm--------------------------}

{ Ab hier stehen alle Verschiebungsprozeduren für die vordefinierten Objekte }
{ zur Verfügung!   }

```
VAR
  graphdriver,
  graphmode    : INTEGER;
  ch        : CHAR;
  olinie     : linie;

BEGIN
  { Grafikmodus einschalten }
  graphdriver := detect;
  initgraph(graphdriver,graphmode,'c:\tp\bgi');
  REPEAT
   ch := readkey;
   case ch of
    'n' : BEGIN
          olinie.init(random(640),random(480),random(640),random(480));
          cleardevice;
          olinie.zeigen;
        END;
    ' ' : BEGIN
          olinie.loeschen;
          olinie.skalieren(320,175,random*3,random*3);
          olinie.zeigen;
        END;
    #13 : ;
    else write(#7);
   END;
  UNTIL ch=#13;
  closegraph; { zurückkehren zum Text-Modus }
END.
```

Drehung um den Nullpunkt

Nun wird es wieder einmal sehr interessant, es geht um die Drehung eines Objektes. Die Manipulation eines Objektes mittels Drehung hat in sehr vielen Bereichen eine besondere Bedeutung. Anhand dieser Veränderungsroutine kann man Grafiken, Drahtmodelle oder beliebige andere Grafikdaten aus verschiedenen Blickwinkeln betrachten, um dem menschlichen Gehirn zu helfen und dem Betrachter eine genaue Vorstellung eines Objektes zu ermöglichen.

Leider ist bei der grafisch extrem ansprechenden Drehung eine Menge an Theorie notwendig, die wir auch hier nicht umgehen können. Betrachten wir jedoch zunächst einen Punkt, den wir um den Koordinatenursprung, den Punkt mit den Koordinaten (0,0), drehen möchten:

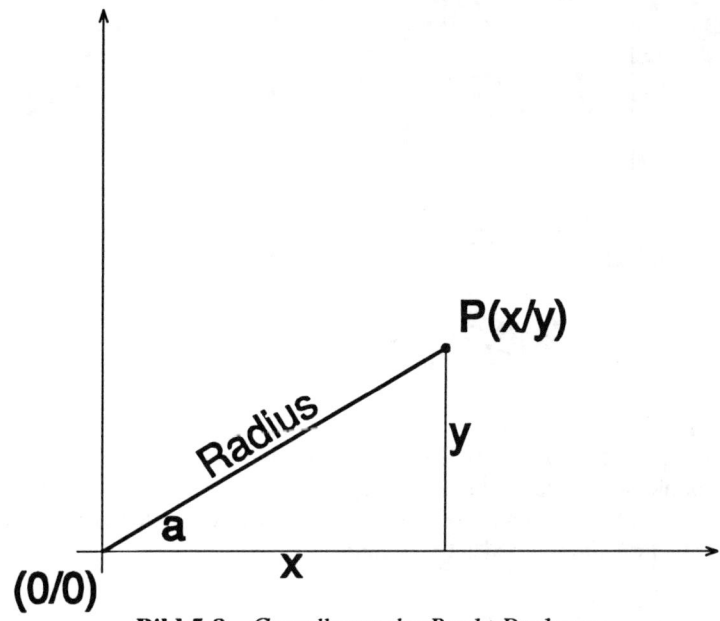

Bild 5-8   *Grundlagen der Punkt-Drehung*

Der gezeigte Punkt zeichnet sich nicht nur, wie bisher bekannt, durch die beiden Koordinaten x und y aus. Weiterhin hat er einen bestimmten Abstand zum Drehpunkt, der Dreh-Radius genannt wird. Dargestellt wird er durch die Verbindungslinie zwischen ihm und dem Drehpunkt. Weiterhin schließen die x-Achse und der Radius einen Winkel ein, der den Anfangswinkel (daher wird er a bezeichnet) kennzeichnet. Hat der Punkt also die y-Koordinate 0, so liegt er auf ihr und hat somit den Winkel 0 Grad.

Betrachten wir nun jedoch unsere Drehung. Wir möchten einen beliebigen Punkt (siehe oben) um einen bestimmten Winkel (nennen wir ihn w) drehen. Der ursprüngliche Punkt besaß den Anfangswinkel a, so daß der neue (transformierte) Punkt den Winkel (a+w) gegenüber der x-Achse besitzt. Der Radius beider Punkte, das ist charakteristisch für die Drehung, bleibt konstant. Die Koordinaten des neuen Punktes sind (x,y).

Betrachten Sie bitte die Grafik. Sie liefert die Grundlagen der Drehung. Ich werde mich in den weiteren Ausführungen auf die Bezeichnungen in dieser Grafik beziehen.

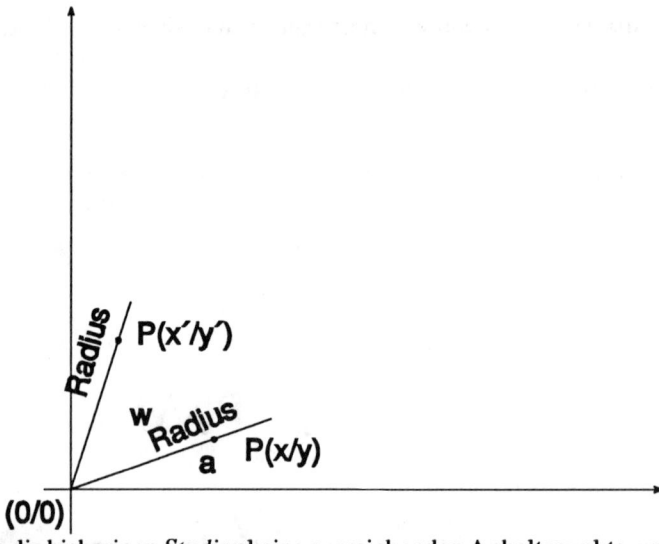

Leider bieten die bisherigen *Studien* keine ausreichenden Anhaltspunkte, um eine Formel aufstellen zu können, die diese Abbildung beschreibt. Auch scheinen die bisher zurechtgelegten Methoden zu versagen. Abhilfe schafft hier eine mathematische Formelsammlung, die für solche Fälle folgendes bereithält:

$$\cos (a + w) = \frac{x'}{y}$$

$$\sin s (a + w) = \frac{y'}{y}$$

Auf diesen zugegebenermaßen noch etwas mageren Grundstock können wir aufbauen. Schon nach der ersten Umformung stellt sich der erste Schritt zur Vereinfachung ein. Wir multiplizieren beide Seiten mit dem Radius r, so daß wir auf Brüche verzichten können:

$$x' = r \cdot \cos (a + w)$$

$$y' = r \cdot \sin (a + w)$$

Immer noch bieten uns diese Ausdrücke schier unlösbare Probleme, zumal noch die zwei uns unbekannten Variablen a und r die Formeln verzieren. Es gibt jedoch auch hier Mittel und Wege der Lösung. Hier helfen die sogenannten Additionstheoreme, die neben den Definitionen von <u>sin</u> und <u>cos</u> in der Formelsammlung zu finden sind. Sie sagen über Summen in Winkelfunktionen folgendes aus (hier werden allgemein die Winkel w1 und w2 benutzt):

$$\sin (w_1 + w_2) = \sin w_1 \cdot \cos w_2 + \cos w_1 \cdot \sin w_2$$

$$\cos (w_1 + w_2) = \cos w_1 \cdot \cos w_2 - \sin w_1 \cdot \sin w_2$$

Das nun wieder können wir auf unser Problem anwenden. Ersetzen wir die Winkel w1 durch a und w2 durch w und setzen das in unsere Formel ein, so erhalten wir:

$$x' = r \cdot (\sin a \cdot \cos w + \cos a \cdot \sin w)$$

$$y' = r \cdot (\cos a \cdot \cos w - \sin a \cdot \sin w)$$

Von einer sichtbaren Vereinfachung ist sicherlich noch nicht zu sprechen. Nicht nur, daß keine Variable herausfallen konnte: Die Anfang noch vertretbar einfachen Förmelchen sind zu wahren Formelmonstern geworden.

Von hier nun wieder kommen uns die Definitionen von sin und cos zu Hilfe. Es gibt demnach:

$$\cos a = \frac{x}{r}$$

$$\sin a = \frac{y}{r}$$

Das können wir auch wieder in unsere Formel einsetzen. Dabei geht selbst noch der letzte Rest an Übersichtlichkeit an der Formel verloren. Wir erhalten:

$$x' = r \cdot \left(\frac{x}{r} \cdot \cos w - \frac{y}{r} \cdot \sin w \right)$$

$$y' = r \cdot \left(\frac{y}{r} \cdot \cos w + \frac{x}{r} \cdot \sin w \right)$$

Nun haben wir es also geschafft, die Variable a, den Anfangswinkel des Punktes (x,y) in der Formel zu eliminieren. Es geht jedoch weiter. Denn wenn wir die großen Klammern auflösen und den Vorfaktor r ausmultiplizieren, so stellen wir fest, daß das r sich überall mit einem Bruch-Nenner-r wegkürzt. Wir erhalten dann folgendes (meist erst im fünften Versuch):

$$x' = x \cdot \cos w - y \cdot \sin w$$

$$y' = y \cdot \cos w + x \cdot \sin w$$

Angepaßt auf das hier eingeführte Format der vektoriellen Darstellung ergibt sich nach der reinen Umschreibarbeit:

$$\begin{pmatrix} x' \\ y' \end{pmatrix} = \begin{pmatrix} x \cdot \cos w - y \cdot \sin w \\ y \cdot \cos w + x \cdot \sin w \end{pmatrix}$$

Vor lauter Freude über das endlich erreichte Ziel sollte man nun folgendes nicht vergessen: Wir haben stillschweigend vorausgesetzt, daß der Radius r nicht gleich 0 wird. Wäre dies doch der Fall, so würde bereits in der Definition der Winkelfunktionen eine Null im Nenner stehen, womit der Bruch undefiniert wäre. Dabei wären alle nachfolgenden Formeln für diesen Sonderfall ungültig.

Da aber bei dem Fall r=0 der Punkt selbst ja nicht gedreht wird, reicht eine einfache Abfrage in der Prozedur aus, die prüft, ob der zu drehende Punkt die Koordinaten (0,0) besitzt. Aber nachdem *zufällig* die errechnete Formel auch für diesen Fall das richtige Ergebnis liefert, nämlich (0,0), kann auch ganz unmathematisch darüber hinweggesehen werden und die Formel ohne Einschränkungen angewandt werden.

Das Ergebnis dieser "mathematischen Kniebeugen" kann sich sehenlassen:

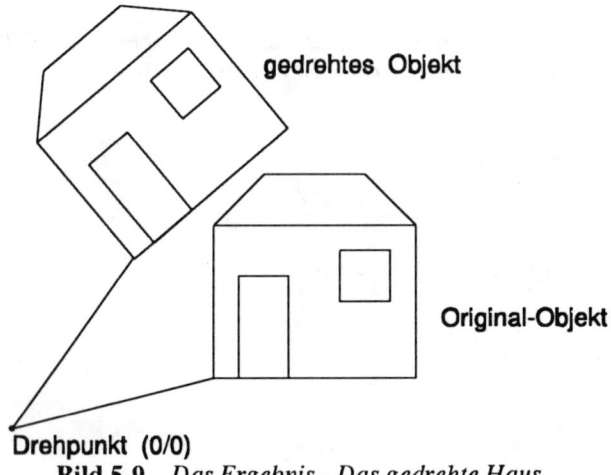

Bild 5-9   *Das Ergebnis - Das gedrehte Haus...*

Die ganz Skeptischen werden sicherlich schon zum nächsten erreichbaren Taschenrechner gegriffen und die Formeln überprüft haben. Erschrecken Sie jedoch bitte nicht, wenn nicht das gewünschte Ergebnis im Anzeigedisplay erscheint. Die Gradangaben des Drehwinkels beziehen sich nicht, wie Sie es vielleicht gewohnt sind, auf Grad (Anzeige "DEG"), sondern auf das entsprechende Bogenmaß. Dabei hat ein Vollkreis den Winkel 2* 3.14. Um die richtige Berechnungen durchzuführen muß zuerst der Taschenrechner in diesen Modus geschaltet werden. Es muß dann "RAD" im Anzeigefeld erscheinen. Außerdem müssen Sie alle Gradangeben umrechnen:

"DEG"	"RAD"
360	2*3.14
180	1*3.14
90	3.14
1	$\frac{1}{180}$*3.14
43.21	$\frac{43.21}{180}$*3.14

Besonders das lezte Beispiel zeigt, wie einfach die beiden verwandten aber vollkommen verschiedenen Werte umgerechnet werden. Da eine solche Umrechnung häufiger erfolgen muß, ist die Definition einer eigenen Prozedur (besser noch einer Funktion) hier sinnvoll. Sie finden eine solche im Beispielprogramm. Es ist hier noch zu erwähnen, daß selbstverständlich der Computer auch mit den "RAD"-Angaben arbeitet. Dieser kleine Exkurs ist also nicht ganz ohne einen Hintergedanken eingeschoben worden.

Das folgende Programm setzt noch einmal die neue Operation in die Praxis um. Es erzeugt das Haus aus der Abbildung. Die Bedienung erfolgt durch folgende Tasten:

"+"   dreht das Objekt um +5 Grad (nach links)

"-"   dreht das Objekt um -5 Grad (nach rechts)

RETURN   beendet das Programm

```
PROGRAM definition_der_objekte_und_organisation;

 USES graph,crt;
```

```
TYPE punkt     = OBJECT
          x,
          y   : REAL;

          CONSTRUCTOR init(xwert,ywert : REAL);
          procedure out(VAR xwert,ywert : REAL);
          procedure zeigen; virtual;
          procedure loeschen; virtual;
          procedure addition(dx,dy : REAL); virtual;
          procedure mult(mx,my : REAL); virtual;

          procedure verschieben(dx,dy : REAL); virtual;
          procedure spiegeln_x_achse(ywert : REAL); virtual;
          procedure spiegeln_y_achse(xwert : REAL); virtual;
          procedure skalieren(xwert,ywert,sx,sy : REAL); virtual;
          procedure drehen(winkel : REAL); virtual;
       END;

   linie    = OBJECT(punkt)
          x1,
          y1  : REAL;

          CONSTRUCTOR init(xwert,ywert,x1wert,y1wert : REAL);
          procedure out(VAR xwert,ywert,x1wert,y1wert : REAL);
          procedure zeigen; virtual;
          procedure addition(dx,dy : REAL); virtual;
          procedure mult(mx,my : REAL); virtual;
          procedure drehen(winkel : REAL); virtual;
       END;

   kreis    = OBJECT(punkt)
          radius : REAL;

          CONSTRUCTOR init(xwert,ywert,rad : REAL);
          procedure out(VAR xwert,ywert,rad : REAL);
          procedure zeigen; virtual;
       END;

   rechteck  = OBJECT(linie)
          procedure zeigen; virtual;
       END;

{---------------------------ObjektPunkt-------------------------}

CONSTRUCTOR punkt.init(xwert,ywert : REAL);
```

```
BEGIN
 x := xwert;
 y := ywert;
END;

PROCEDURE punkt.out(VAR xwert,ywert : REAL);

BEGIN
 xwert := x;
 ywert := y;
END;

PROCEDURE punkt.zeigen;

BEGIN
 putpixel(round(x),round(y),getcolor);
        {Pixel an der Stelle (x,y) mit akt.Zeichenfarbe}
END;

PROCEDURE punkt.loeschen;

VAR altfarbe : WORD;

BEGIN
 altfarbe := getcolor;
 setcolor(getbkcolor);
 zeigen;
 setcolor(altfarbe);
END;

PROCEDURE punkt.addition(dx,dy : REAL);

BEGIN
 x := x + dx;
 y := y + dy;
END;

PROCEDURE punkt.mult(mx,my : REAL);

BEGIN
 x := x * mx;
 y := y * my;
END;
```

```pascal
PROCEDURE punkt.verschieben(dx,dy : REAL);

  BEGIN
   addition(dx,dy);
  END;

PROCEDURE punkt.spiegeln_x_achse(ywert : REAL);

  BEGIN
   verschieben(0,(-1)*ywert);
   mult(1,-1);
   verschieben(0,ywert);
  END;

PROCEDURE punkt.spiegeln_y_achse(xwert : REAL);

  BEGIN
   verschieben((-1)*xwert,0);
   mult(-1,1);
   verschieben(xwert,0);
  END;

PROCEDURE punkt.skalieren(xwert,ywert,sx,sy : REAL);

  BEGIN
   verschieben((-1)*xwert,(-1)*ywert);
   mult(sx,sy);
   verschieben(xwert,ywert);
  END;

PROCEDURE punkt.drehen(winkel : REAL);

  VAR x_neu,y_neu : REAL;

  BEGIN
   winkel := winkel * pi / 180; {DEG nach RAD}
   x_neu := (x*cos(winkel)) - (y*sin(winkel));
   y_neu := (y*cos(winkel)) + (x*sin(winkel));
   x := x_neu;
   y := y_neu;
  END;

{----------------------------ObjektLinie----------------------------}

CONSTRUCTOR linie.init(xwert,ywert,x1wert,y1wert : REAL);
```

```
 BEGIN
  x := xwert;
  y := ywert;
  x1 := x1wert;
  y1 := y1wert;
 END;

PROCEDURE linie.out(VAR xwert,ywert,x1wert,y1wert : REAL);

 BEGIN
  xwert := x;
  ywert := y;
  x1wert := x1;
  y1wert := y1;
 END;

PROCEDURE linie.zeigen;

 BEGIN
  line(round(x),round(y),round(x1),round(y1));
 END;

PROCEDURE linie.addition;

 BEGIN
  x := x + dx;
  y := y + dy;
  x1 := x1 + dx;
  y1 := y1 + dy;
 END;

PROCEDURE linie.mult;

 BEGIN
  x := x * mx;
  y := y * my;
  x1 := x1 * mx;
  y1 := y1 * my;
 END;

PROCEDURE linie.drehen;

 VAR x_neu,y_neu,x1_neu,y1_neu : REAL;
```

```
  BEGIN
    winkel := winkel * pi / 180; {DEG nach RAD}
    x_neu := (x*cos(winkel))-(y*sin(winkel));
    y_neu := (y*cos(winkel))+(x*sin(winkel));
    x1_neu := (x1*cos(winkel))-(y1*sin(winkel));
    y1_neu := (y1*cos(winkel))+(x1*sin(winkel));
    x := x_neu;
    y := y_neu;
    x1 := x1_neu;
    y1 := y1_neu;
  END;

{---------------------------ObjektKreis---------------------------}

CONSTRUCTOR kreis.init(xwert,ywert,rad : REAL);

  BEGIN
   x := xwert;
   y := ywert;
   radius := rad;
  END;

PROCEDURE kreis.out(VAR xwert,ywert,rad : REAL);

  BEGIN
   xwert := x;
   ywert := y;
   rad := radius;
  END;

PROCEDURE kreis.zeigen;

  BEGIN
   circle(round(x),round(y),round(radius));
  END;

{---------------------------Objekt Rechteck 1---------------------------}

{ Achtung: Dieses Rechteck läßt sich nicht (!!!) drehen !}

PROCEDURE rechteck.zeigen;

  BEGIN
   rectangle(round(x),round(y),round(x1),round(y1));
  END;
```

```
{--------------------------Hauptprogramm---------------------------}

{ Ab hier stehen alle Verschiebungsprozeduren für die vordefinierten Objekte }
{ zur Verfügung!                                            }

VAR
  graphdriver,
  graphmode    : INTEGER;
  ch        : CHAR;
  i         : 1..6;
  l         : array[1..6] of linie;

BEGIN
  { Grafikmodus einschalten }
  graphdriver := detect;
  initgraph(graphdriver,graphmode,'c:\tp\bgi');

  {Objekte definieren}
  l[1].init(320,100,320,180);
  l[2].init(320,180,380,180);
  l[3].init(380,180,380,100);
  l[4].init(380,100,320,100);
  l[5].init(320,100,350,70);
  l[6].init(350,70,380,100);


  REPEAT
    cleardevice;
    for i:=1 to 6 do l[i].zeigen;
    ch := readkey;
    case ch of
      '+' : for i:=1 to 6 do l[i].drehen(-5);
      '-' : for i:=1 to 6 do l[i].drehen(5);
      #13 : ;
      else write(#7);
    END;
  UNTIL ch=#13;
  closegraph;  { zurückkehren zum Text-Modus }
END.
```

Drehung um einen beliebigen Punkt:

Ab hier kann wieder nach dem altbekannten Schema vorgegangen werden. Auch bei der Drehung besteht die Erweiterung der Drehung um einen beliebigen Punkt aus drei Einzelteilen: Zunächst wird jeder zu drehende Punkt auf den Nullpunkt verschoben, dann gedreht und schließlich wieder zurückgeschoben.

Es ist nun sicherlich nicht sinnvoll, schon wieder ein platzraubendes Beispielprogramm zu liefern. Viel sinnvoller ist es, auch einmal Sie als Leser zu fordern. Das ist außerdem sinnvoll, damit Sie eine gewisse Selbstkontrolle haben und das bisher Erlernte in die Praxis umsetzen können. Seien Sie sicher: Der Erfolg, den Sie dabei haben werden, wirkt nach der vielen Mathematik der Drehung wie eine erfrischende kalte Dusche. Hier nun die genaue Aufgabenstellung:

Aufgabe:

Erweitern Sie das Beispielprogramm zur Drehung, indem Sie eine Prozedur schreiben, mit deren Hilfe man verschiedene Objekte um einen beliebigen Punkt drehen kann.

Kapitel 6

Aufbau einer 2D-Animation

Ein neuer Datentyp

Jetzt geht es endlich zur Sache! Jetzt kommt endlich einmal richtig Bewegung in den mehr oder weniger chaotischen Formularwald. Doch zunächst sind (wie immer) die "Hausaufgaben zu machen".

Ein wesentlicher Gesichtspunkt der Grafikanimation ist *"Die Beschränkung auf das Wesentliche"*. Das bedeutet, daß ein neuer (wenn auch nicht völlig neuer) Datentyp gefunden werden muß, der sich am besten für solche Aufgaben eignet. Falsch wäre es, die bis hierhin gefundenen Datentypen weiterzubenutzen, da sehr viele und sehr unterschiedliche Typen sicherlich nur schwer zu einem größeren Objekt zusammengefaßt werden können. Die dadurch entstehenden Probleme der Neuberechnung von Daten sind zwar einfach zu bewältigen, doch sie kosten durch die vielen Unterscheidungsoperationen (welcher Objekttyp jetzt neuberechnet werden muß) wertvolle Rechenzeit, die bei einem PC oder auch AT nicht gerade üppig bemessen ist. Es stellt sich doch leider immer wieder heraus, daß der PC eben kein ausgesprochener Animationsrechner ist, sondern eine leistungsfähige Arbeitsstation mit guten Darstellungsfähigkeiten im Bereich der stehenden Grafik (Geschäftsgrafik oder Präsentationsgrafik).

Bei der Findung eines neuen Datentypes sollte folgendes bedacht werden. Es muß zwischen verschiedenen Arten der Datenspeicherung unterschieden werden.

Eine Methode legt die Daten in einem eigens dafür bestimmten Feld ab, dem sogenannten "Stack". Dieser ist leider unter Turbo Pascal auf 64 KB beschränkt, so daß wir bei größeren Objekten schnell an die Speichergrenzen stoßen würden.

Die andere Art ist die sogenannte "Dynamische Speicherung". Dabei werden die Daten an eine beliebige freie Stelle im Speicher abgelegt, wobei der gesamte Speicherplatz des Computers zur Verfügung steht. Zeigerwerte merken sich lediglich die Stellen (Adressen), an denen die Daten abgelegt wurden. Diese Möglichkeit erscheint hier die sinnvollste zu sein, ermöglicht sie doch die Animation komplexerer Gebilde.

Dazu gibt es eine Struktur, die einer Liste ähnelt und ebenso heißt. Betrachten wir jedoch zunächst die Grafik:

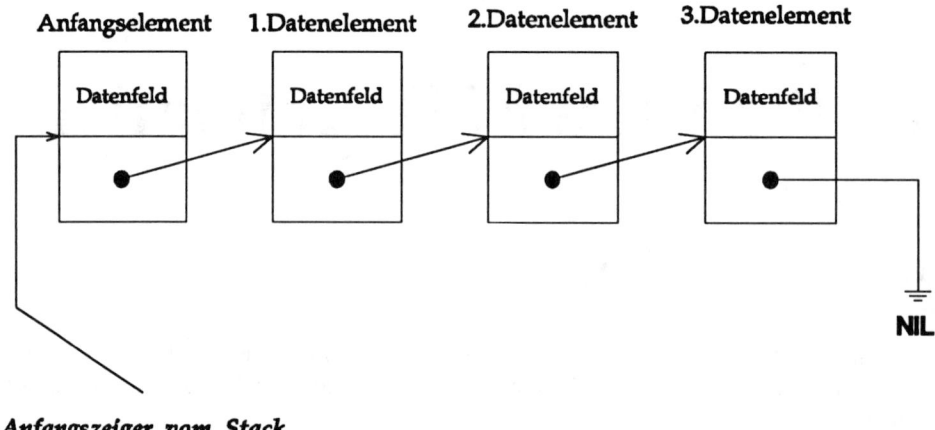

Anfangszeiger vom Stack

Bild 6-1   *Die Listenstruktur anschaulich*

Hier besteht jedes Element nicht ausschließlich aus Daten wie bisher, sondern auch aus einem Zeiger, der auf das jeweils nachfolgende Element zeigt. Der Zeiger des letzten Elementes, welches schließlich keinen Nachfolger hat, zeigt auf einen Nichteintrag (NIL=Not In List) und signalisiert der Leseprozedur ein Listenende.

Der Vorteil dieser Listen liegt auf der Hand: Im knapp bemessenen Stack wird für jedes Objekt nur der Anfangszeiger gespeichert, die anderen Zeiger (und seien es noch so viele) liegen zusammen mit den Daten im Restspeicher (Heap) und können problemlos abgerufen werden. Ganz nebenbei ist die Arbeitsgeschwindigkeit der Listenprozedur noch sehr viel höher als bei reiner Stackspeicherung, da die Speicherverwaltung des Stacks nicht bedient werden muß.

Ein weiteres Problem ist das Datenfeld. Es ist nun nicht so einfach, ein passendes grafisches Element für alle Fälle zu finden. Zu Hilfe kommt hier die Seitenbeschreibungssprache Postscript, an deren Konzept ich mich im weiteren leicht anlehne. Die Speicherung von grafischen Elementen (besonders Schriften) ist in Postscript folgendermaßen gelöst:

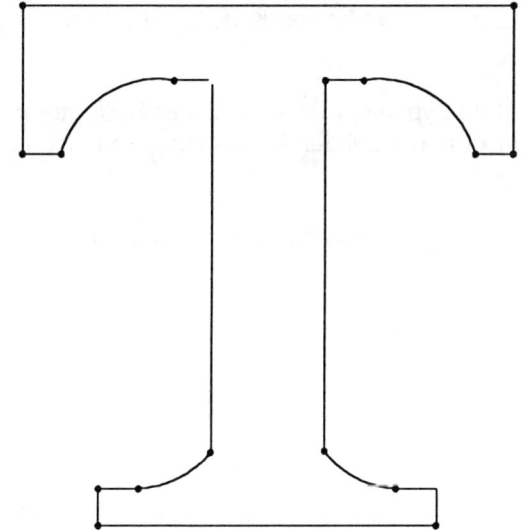

Bild 6-2 *Ein T besteht nur aus Linien & Bögen*

Hier werden wesentliche Punkte markiert, die den Umriß der Figur in kleine Abschnitte unterteilen. Die einzelnen Abschnitte bestehen hier entwender aus <u>Linien</u> oder aus <u>Kreisbögen</u>. Allein dadurch kann man beliebige Buchstaben, aber auch andere Formen, beschreiben.

Es ist Tatsache, daß sich alles, was in der Technik benötigt wird, durch Linien und Kreisbögen beschrieben werden kann. Alle anderen Formen, zum Beispiel unregelmäßige Formen, lassen sich auch durch andere grafische Elemente darstellen. Schließlich haben wir auch schon zu Anfang gesehen, wie verwandt doch die Formen untereinander sind.

Es bietet sich also ein Datentyp an, der zweigeteilt ist und beide Typen definieren kann:

```
TYPE
  tart = (linie,kreis);

  grafikelement = OBJECT
              art : tart;
              x,
              y,
              x1,            { x1 beinhaltet bei "KREIS" den Radius }
```

```
            y1  : REAL;       { y1 ist bei "KREIS" eine Dummy-Variable }
         END;

{ Beispiel für einen Datentyp mit unterschiedlicher Bedeutung }
{ Die Bedeutung von x1 hängt bei der Abarbeitung von "art" ab }

```

Auf dieser Basis kann unsere Listenstruktur definiert werden:

```
TYPE
 tart = (linie,kreis);

 grafikelement = OBJECT
          art : tart;
          x,
          y,
          x1,              { x1 beinhaltet bei "KREIS" den Radius }
          y1  : REAL;     { y1 ist bei "KREIS" eine Dummy-Variable }
         END;

{ Beispiel für einen Datentyp mit unterschiedlicher Bedeutung }
{ Die Bedeutung von x1 hängt bei der Abarbeitung von "art" ab }

   tzeiger   = ^telement;

   telement  = RECORD
           inhalt : grafikelement;
           next   : tzeiger;
          END;

   c_liste   = RECORD
           anfang,
           aktuell : tzeiger;
          END;
```

Ein solcher Datentyp ist relativ einfach zu handhaben und hat ganz nebenbei den
entscheidenden Vorteil, daß auch größere Objekte in Speicher abgelegt und manipuliert
werden können, ohne den leider sehr stark begrenzten Stack-Speicher zu belasten.

Basierend auf dem Grundelement "Linie" können nahezu alle beliebigen Formen erzeugt
werden. Einige Abstriche müssen allerdings bei Kreisbögen gemacht werden; hier kann
leider nur angenähert werden, doch ein durch den Rechner erzeugtes regelmäßiges-n-Eck

ist normalerweise auf dem Bildschirm nicht mehr von einem Kreis zu unterscheiden. Das funktioniert um so besser, je mehr Eckpunkte gewählt werden.

ein (un-) regelmäßiges Polygon
mit Eckpunkten auf dem Radius
füllt den Kreis "von innen" aus.
Je mehr Eckpunkte, desto besser.

Bild 6-3   *Der Kreis ist auch so definierbar*

Wählen wir also noch mehr als 7 Eckpunkte, wie im Beispiel, so werden die kleinen Flächen zwischen Kreis und den Kanten beliebig klein. Schließlich lassen sich nicht ausschließlich Kreise auf diese Weise beschrieben. So gibt es Strömungsberechnungen an Fahrzeugen, die allein im Computer vorgenommen werden. Das Objekt ist in der Industrie häufig ein digitalisiertes Untersuchungsobjekt (z.B. ein Auto), welches in unzählige kleine Flächen aufgeteilt ist. Diese Flächen werden auf Grund ihrer geringen Größe durch Linien begrenzt. Das dargestellte Auto gleicht einem Modell aus Bindfäden oder Draht: Man nennt diese Darstellungsart auch "Drahtmodell". Mit dieser Art der Darstellung werden wir uns auch im weiteren beschäftigen. Sie werden also sehen, daß die eingeführte Listenstruktur prädestiniert hierfür ist.

Welche Organisationsroutinen benötigen wir zum Verwalten der Listenstruktur:

Leere Liste anlegen

Um zu Beginn ein neues Objekt anzulegen, benötigen wir eine Prozedur, die eine leere Liste anlegt. Das ist notwendig, da im Gegensatz zum Stack-Speicher die Speicherung mittels einer Liste erst jetzt, also zur Laufzeit des Programmes den notwendigen Speicher zur Verfügung stellt. Diese Prozedur legt einen Anfangszeiger auf den Anfang der Liste, welche noch keine Datenelemente besitzt.

Element einfügen

Um eine neue Linie, also ein neues Datenfeld, in das Objekt einzufügen, muß hinter dem letzten gültigen Zeiger ein weiteres Element angelegt werden. Dieses bekommt den neuen Inhalt zugewiesen.

Element löschen

Was ist jedoch zu tun, wenn versehentlich eine falsche Linie (ein falsches Element) gespeichert wurde? Es muß eine Prozedur her, die die Löschung eines einzelnen Elementes übernimmt und den dadurch belegten Speicher wieder freigibt. Unproblematisch ist es, wenn das zu löschende Element ausgrechnet am Listenende steht, denn hier ist lediglich der vorletzte Zeiger auf das Element auf NIL zu setzen. Etwas schwieriger ist es dann schon, ein Element mitten in der Liste zu löschen. Schließlich müssen die nachfolgenden Listenteile immer noch zugriffsbereit sein.

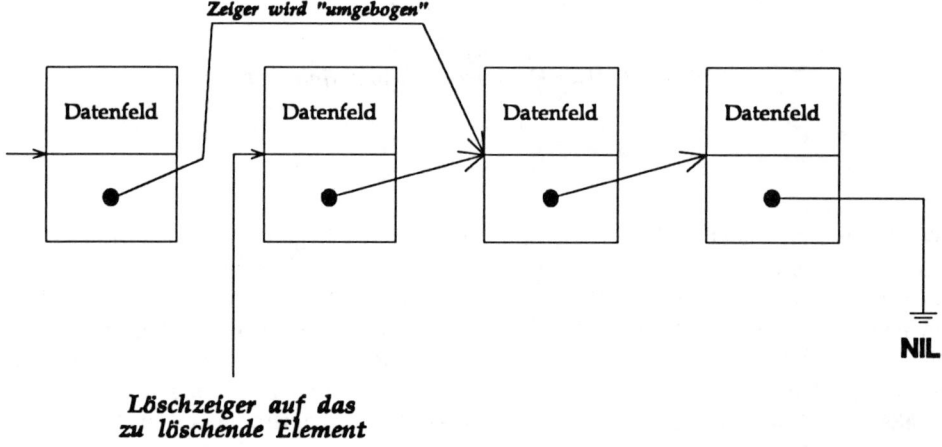

Bild 6-4   *So werden die Zeiger umgebogen*

Der Vorgang ist etwas komplexer: Zunächst muß auf das zu löschende Element ein weiterer Zeiger gelegt werden, der später die Löschung von HEAP übernimmt. Er wird hier einfach "Löschzeiger" genannt. Der Zeiger vom Vorgänger-Listenelement muß nun auf den Rest der Liste zeigen, er wird also *umgebogen*. Um nun den belegten Speicher wieder freizugeben, muß der Zeiger mitsamt Datenelement entfernt werden. Erst jetzt wird der benutzte Speicher wieder vollständig freigegeben.

Lesezeiger bewegen

Zu dem Anfangszeiger benötigen wir auch noch einen Zeiger, der auf ein aktuelles Element zeigt, welches bearbeitet, also gelesen, verändern, gelöscht,... werden soll. In der Prozedur "leere Liste anlegen" wird zusätzlich zu dem Listenanfangszeiger noch ein Aktuell-Zeiger angelegt. Wollen wir diesen nun um genau ein Element weiterbewegen, so ist dieser lediglich auf den Zeiger auf das Nachfolgerelement zu *verbiegen*.

Lesezeiger zurücksetzen

Um die ganze Liste auszulesen, muß gelegentlich auch der Lesezeiger auf das erste Element gesetzt werden. Es werden hierzu die bekannten Verbiege-Operationen benutzt.

Prüfung auf Listenende

Eine wichtige Aufgabe kommt dieser Funktion zu. Sie verhindert, daß der Aktuell-Zeiger über das Listenende hinaus weitergesetzt wird. Das Ergebnis wäre totaler Speichermüll, an einen selbsttätigen Abbruch ist nicht zu denken. Hier wird also geprüft, ob der Zeiger des aktuellen Elementes auf NIL zeigt. Dieser Wert wird als Wahrheitswert übergeben. Steht der Zeiger also am Listenende, so wird TRUE, also "wahr" übergeben.

Listenelement lesen/schreiben/verändern

Diese Grundoperationen sind so einfach, daß sich jede Erklärung erübrigt. Beachten Sie bitte das Listing unten, es erklärt sich von selbst.

```
TYPE
  c_linie   = object
              x1,
              y1,
              x2,
              y2    : REAL;

              PROCEDURE init(x_start,y_start,x_ende,y_ende : REAL);
              END;

  tinhalt  = c_linie;

  tzeiger  = ^telement;

  telement = RECORD
              inhalt : tinhalt;
              next   : tzeiger;
```

```
        END;

c_liste  = object
         anfang,
         aktuell : tzeiger;

         FUNCTION leer : BOOLEAN;
         FUNCTION ende : BOOLEAN;
         PROCEDURE init;
         PROCEDURE einfuegen(element : tinhalt);
         PROCEDURE veraendern(element : tinhalt);
         PROCEDURE loeschen;
         PROCEDURE lesen(VAR element : tinhalt);
         PROCEDURE weiter;
         PROCEDURE zurueck;
         END;

{---------------------------------------------------------------}

IMPLEMENTATION

 PROCEDURE c_linie.init(x_start,y_start,x_ende,y_ende : REAL);

  BEGIN
   x1 := x_start;
   y1 := y_start;
   x2 := x_ende;
   y2 := y_ende;
  END;

{---------------------------------------------------------------}

 FUNCTION c_liste.leer : BOOLEAN;

  BEGIN
   leer := (anfang^.next = nil);
  END;

 FUNCTION c_liste.ende : BOOLEAN;

  BEGIN
   ende := (aktuell^.next = nil);
  END;

 PROCEDURE c_liste.init;
```

```
  VAR dummy : tzeiger;

 BEGIN
   new(dummy);
   anfang := dummy;
   aktuell := dummy;
   dummy^.next := nil;
 END;

PROCEDURE c_liste.einfuegen(element : tinhalt);

 VAR hilfzeiger : tzeiger;

 BEGIN
   new(hilfzeiger);
   hilfzeiger^.next := aktuell^.next;
   aktuell^.next := hilfzeiger;
   hilfzeiger^.inhalt := element;
 END;

PROCEDURE c_liste.loeschen;

 VAR hilfzeiger : tzeiger;

 BEGIN
   hilfzeiger := aktuell^.next;
   aktuell^.next := aktuell^.next^.next;
   dispose(hilfzeiger);
 END;

PROCEDURE c_liste.veraendern(element : tinhalt);

 BEGIN
   aktuell^.next^.inhalt := element;
 END;

PROCEDURE c_liste.lesen(VAR element : tinhalt);

 BEGIN
   element := aktuell^.next^.inhalt;
 END;

PROCEDURE c_liste.weiter;
```

```
  BEGIN
    aktuell := aktuell^.next;
  END;

 PROCEDURE c_liste.zurueck;

  BEGIN
    aktuell := anfang;
  END;

{---------------------------------------------------------------}


BEGIN
END.
```

Jetzt kommt Bewegung ins Spiel:
Die Manipulationsroutinen

Überlegen wir uns jetzt, welche Operationen zur Darstellung von Bewegungsabläufen benötigt werden:

Verschiebung (einfache Transformation)

Verschiebung eines Objektes in beliebige Richtungen in beliebiger Geschwindigkeit

Skalierungen (Streckungen und Stauchungen)

Vergrößerungen und Verkleinerungen eines Objektes bezüglich eines Punktes. Damit kann auch schon mit zwei Dimensionen eine gewisse räumliche Tiefe erzeugt werden, doch dazu später.

Drehungen um beliebige Punkte

... sind wohl die effektvollsten Manipulationen und sollten auch hier auf keinen Fall fehlen.

Das alles kann mit den gesammelten Erfahrungen früherer Kapitel mittels eines Listings auf folgenden Nenner gebracht werden:

```
{ Sammlung aller notwendigen Grafikroutinen zur 2D-Animation }


PROCEDURE c_linie.init(x_start,y_start,x_ende,y_ende : REAL);

 BEGIN
  x1 := x_start;
  y1 := y_start;
  x2 := x_ende;
  y2 := y_ende;
 END;

PROCEDURE c_linie.verschieben(dx,dy : REAL);

 BEGIN
  x1 := x1 + dx;
  y1 := y1 + dy;
  x2 := x2 + dx;
  y2 := y2 + dy;
 END;

PROCEDURE c_linie.spiegeln_x(x_achse : REAL);

 BEGIN
  verschieben((-1)*x_achse,0);
  x1 := (-1) * x1;
  x2 := (-1) * x2;
  verschieben(x_achse,0);
 END;

PROCEDURE c_linie.spiegeln_y(y_achse : REAL);

 BEGIN
  verschieben(0,(-1)*y_achse);
  y1 := (-1) * y1;
  y2 := (-1) * y2;
  verschieben(0,y_achse);
 END;

PROCEDURE c_linie.dehnen(x,y,x_faktor,y_faktor : REAL);

 BEGIN
  verschieben((-1)*x,(-1)*y);
  x1 := x1 * x_faktor;
  y1 := y1 * y_faktor;
```

```
    x2 := x2 * x_faktor;
    y2 := y2 * y_faktor;
    verschieben(x,y);
  END;

 PROCEDURE c_linie.drehen(x,y,winkel : REAL);

  VAR x1_neu,y1_neu,x2_neu,y2_neu : REAL;

  PROCEDURE deg2rad(VAR winkel : REAL);

   BEGIN
    winkel := (winkel/180)*pi;
   END;

  BEGIN
   verschieben((-1)*x,(-1)*y);
   deg2rad(winkel);

   x1_neu := (x1*cos(winkel)) - (y1*sin(winkel));
   y1_neu := (y1*cos(winkel)) + (x1*sin(winkel));
   x2_neu := (x2*cos(winkel)) - (y2*sin(winkel));
   y2_neu := (y2*cos(winkel)) + (x2*sin(winkel));

   x1 := x1_neu;
   x2 := x2_neu;
   y1 := y1_neu;
   y2 := y2_neu;

   verschieben(x,y);
  END;

{------------------------------------------------------------------}

 FUNCTION c_liste.leer : BOOLEAN;

  BEGIN
   leer := (anfang^.next = nil);
  END;

 FUNCTION c_liste.ende : BOOLEAN;

  BEGIN
   ende := (aktuell^.next = nil);
  END;
```

```
PROCEDURE c_liste.init;

 VAR dummy : tzeiger;

 BEGIN
  new(dummy);
  anfang := dummy;
  aktuell := dummy;
  dummy^.next := nil;
 END;

PROCEDURE c_liste.einfuegen(element : tinhalt);

 VAR hilfzeiger : tzeiger;

 BEGIN
  new(hilfzeiger);
  hilfzeiger^.next := aktuell^.next;
  aktuell^.next := hilfzeiger;
  hilfzeiger^.inhalt := element;
 END;

PROCEDURE c_liste.loeschen;

 VAR hilfzeiger : tzeiger;

 BEGIN
  hilfzeiger := aktuell^.next;
  aktuell^.next := aktuell^.next^.next;
  dispose(hilfzeiger);
 END;

PROCEDURE c_liste.veraendern(element : tinhalt);

 BEGIN
  aktuell^.next^.inhalt := element;
 END;

PROCEDURE c_liste.lesen(VAR element : tinhalt);

 BEGIN
  element := aktuell^.next^.inhalt;
 END;
```

```
PROCEDURE c_liste.weiter;

 BEGIN
  aktuell := aktuell^.next;
 END;

PROCEDURE c_liste.zurueck;

 BEGIN
  aktuell := anfang;
 END;

PROCEDURE c_liste.zeigen;

 VAR linie : c_linie;

 BEGIN
  cleardevice;
  zurueck;
  WHILE not ende DO BEGIN
   lesen(linie);
   line(round(linie.x1),round(linie.y1),round(linie.x2),
       round(linie.y2));
   weiter;
  END;
 END;

PROCEDURE c_liste.verschieben(dx,dy : REAL);

 VAR element : tinhalt;

 BEGIN
  zurueck;
  WHILE not ende DO BEGIN
   lesen(element);
   element.verschieben(dx,dy);
   veraendern(element);
   weiter;
  END;
 END;

PROCEDURE c_liste.spiegeln_x(x_achse : REAL);

 VAR element : tinhalt;
```

```
   BEGIN
     zurueck;
     while not ende do BEGIN
       lesen(element);
       element.spiegeln_x(x_achse);
       veraendern(element);
       weiter;
     END;
   END;

PROCEDURE c_liste.spiegeln_y(y_achse : REAL);

   VAR element : tinhalt;

   BEGIN
     zurueck;
     while not ende do BEGIN
       lesen(element);
       element.spiegeln_y(y_achse);
       veraendern(element);
       weiter;
     END;
   END;

PROCEDURE c_liste.dehnen(x,y,x_faktor,y_faktor : REAL);

   VAR element : tinhalt;

   BEGIN
     zurueck;
     while not ende do BEGIN
       lesen(element);
       element.dehnen(x,y,x_faktor,y_faktor);
       veraendern(element);
       weiter;
     END;
   END;

PROCEDURE c_liste.drehen(x,y,winkel : REAL);

   VAR element : tinhalt;

   BEGIN
     zurueck;
     while not ende do BEGIN
```

```
      lesen(element);
      element.drehen(x,y,winkel);
      veraendern(element);
      weiter;
    END;
  END;

{---------------------------------------------------------}

PROCEDURE start_grafik(verzeichnis : STRING);

  VAR treiber,modus : INTEGER;

  BEGIN
    detectgraph(treiber,modus);
    CASE treiber of
      ega   : modus := egahi;
      vga   : modus := vgamed;
      ELSE WRITELN('Bitte im Handbuch nachschlagen !!!',#7,#7,#7);
    END;
    initgraph(treiber,modus,verzeichnis);
    seite := 1;
    setactivepage(1);
    setvisualpage(1);
  END;

PROCEDURE stop_grafik;

  BEGIN
    closegraph;
  END;
```

Die Methode der Illusion

Es ist schon immer eine sehr schwierige Aufgabe gewesen, dem Betrachter einen flüssigen Bewegungsablauf vorzuspielen. Besonders schwer ist es bei dem Computer. Die Bewegungen, die wir bisher kennengelernt haben, sind sehr einfach aufgebaut:

1.) altes Objekt mit Hintergrundfarbe übermalen
2.) neues Objekt in Vordergrundfarbe zeichnen

Bei den bisher kennengelernten Objekten funktioniert dieses auch tadellos. Leider
entpuppt es sich schon bei etwas größeren Objekten als extrem unansehnlich. Nach jeder
Manipulation wird schließlich das Objekt übermalt und vollständig neu erzeugt. Jetzt
kann es dem Betrachter nicht mehr verborgen werden. Es muß also ein anderer Weg
gefunden werden, um die Bewegung so darstellen zu können, wie beispielsweise in einem
Daumenkino: Hier sieht das Auge des Betrachters nacheinander Bilder, die schon
fertiggestellt sind. Es entfällt hier ein lästiger Bildschirmaufbau.

Die Paletten-Schaltung

Eine einfache, aber meist effektvolle Art der Bildschaltung bieten die EGA/VGA-Karten.
Hier sind die Paletten frei wählbar. Dabei sind 16 Farben möglich. Das funktioniert
folgendermaßen:

Zunächst werden 16 fertig berechnete Bilder in jeweils einer anderen Farbe gezeichnet.
Um nun aber immer nur genau ein Bild zu sehen, werden die übrigen Farben kurzerhand
auf die Hintergrundfarbe gelegt. Das Weiterschalten funktioniert folgendermaßen: die
aktuell angezeigte Bildnummer entspricht der Farbnummer, die auf die Vordergrundfarbe
gestellt wurde. Diese Farbe wird auf die Hintergrundfarbe gestellt, die nächste Farbe wird
dagegen auf die Vordergrundfarbe gestellt und wird somit sichtbar.

Das funktioniert so schnell, daß die einzelnen Übergänge für den Betrachter unsichtbar
bleiben. Eine einfache Animation ist somit problemlos möglich. - So gut sich das auch
anhört, es gibt einen schwerwiegenden Nachteil derart, daß durch das System bedingt die
Grafik (Das Drahtmodell) immer nur eine Zeichenfarbe benutzen darf. Farbige Animation ist somit ausgeschlossen.

Die Speicherseiten

Eine weitere Art der Bildumschaltung bietet Turbo-Pascal selbst. Stellt man bei der
Grafik nicht unbedingt den höchsten Auflösungsmodus ein, so können je nach Grafikkarte bis zu vier Speicherseiten angelegt werden, welche übergangslos umgeschaltet
werden können. Es ist folgender Ablauf denkbar:

-Grafik auf der nicht sichtbaren Seite aufbauen
-Seite sichtbar machen
-Grafik auf der nächsten nicht sichtbaren Seite aufbauen
-Seite sichtbar machen

- ... usw. ...

Das läßt sich bis ins Unendliche fortführen. Da die Übergänge zwischen den einzelnen Seiten nicht mehr sichtbar sind, ist auch hier eine mehrfarbige Animation möglich.

Auch hier gibt es leider wieder einen Nachteil: Unter Umständen muß man je nach Komplexität der Grafik auf das Weiterschalten der Grafikseite etwas warten. Solange nämlich eine Seite angezeigt wird, wird die nächste aufgebaut. An die beim Fernsehen üblichen 30 Bilder pro Sekunde ist überhaupt nicht zu denken.

Es ist sicherlich möglich, einen Kompromiß zu finden, indem wir die beiden Methoden einfach kombinieren. Das könnte so aussehen: auf jeder Speicherseite werden 16 Bilder in verschiedenen Farben abgelegt. Damit sind also in Wirklichkeit 4*16=48 Bilder abgespeichert. Das ist ausreichend für rund 1.5 Sekunden Film. Dabei können auch kompliziertere Objekte berechnet und schnell animiert werden (tatsächlich mit 30 Bildern/Sekunde).

Methode der Grafikmuster

Schließlich gibt es noch eine andere Methode, die hier keinem empfohlen werden sollte, da sie die Kombination aus geringer Geschwindigkeit + geringer Anzahl speicherbarer Bilder darstellt. Sie sollte hier nur vollständigerweise aufgeführt werden. Ihr Einsatzgebiet beschränkt sich auf Kleinstanimationen, z.B. einen Würfel beim Programmieren eines Spiels. Wesentlich ist, daß bei voller Farbausnutzung nur ein kleiner Teil des Bildschirmes benutzt werden kann. Dieser Bereich wird vollständig (punktweise) abgespeichert und bei Bedarf wieder auf den Bildschirm geholt. Für größere Animationen eignet sich diese Methode überhaupt nicht.

Jetzt wird animiert

Jetzt geht es endlich zur Sache! Es wird animiert. - Zunächst müssen wir uns für eine Methode der Animation entscheiden. Es ist sicherlich methodisch gesehen am Besten, die Speicherseiten-Umschaltung zu wählen, da diese Methode am ausbaufähigsten ist und uns bei voller Animationsfähigkeit die Möglichkeit einer Farbgrafik nicht verbaut. Die Umschaltung der Speicherseiten übernimmt die Prozedur OBJEKT.zeigen automatisch, so daß wir uns darum nicht weiter kümmern müssen.

Nun ist auch über die Struktur des Programmes nachzudenken. Ich halte es für am geschicktesten, das Programm selbst nicht als Programm, sondern als Unit zu schreiben. Ein Unit ist eine Prozedur/Funktions-Bibliothek, die alle vorbeschriebenen Operationen beinhaltet. Im Animationsprogramm selbst kann dieses durch einen einfachen Aufruf ("USES animation") benutzt werden, so daß die Funktionen zur Verfügung stehen. Die Definition der Grafikobjekte erfolgt über das neue Kommando OBJEKT.LOAD, das die Koordinaten, die Sie in eine Textdatei schreiben, in rechnerverständliche Werte übersetzt und im Objekt abspeichert. Der Aufbau des Unit-Kopfes, sowie die Hintergrundinformationen über diese schnelle und komfortable Art des Bibliothek-Konzeptes finden Sie im Anhang.

Schließlich soll es noch zwei weitere Prozeduren geben, die uns die Arbeit mit der Grafik ein wenig erleichtern. Sie sind uns behilflich beim Finden des richtigen Grafikmodus. Im einzelnen handelt es sich um Folgendes:

PROCEDURE start_grafik(Pfadname : STRING);

Diese Prozedur führt die Initialisierung aller Grafikwerte aus und legt den Pfad zum Grafiktreiber fest, welchen Sie als einzigen Parameter angeben müssen. Anhand der eingebauten Grafikkarte wird dann ein Modus ausgewählt, der mindestens 2 Grafikseiten zur Verfügung stellt. Diese Minimalzahl ist zum unsichtbaren Überblenden zwischen zwei Bildern unerläßlich. Besser ist es auf jeden Fall, wenn noch mehr Seiten zur Verfügung stehen, doch leidet hierunter leider die Auflösung. Es werden (soweit es die eingebaute Grafikkarte erlaubt) 2 Grafikseiten initialisiert. Nach dem Aufruf der Prozedur werden auch die Unit-internen Informationen gesetzt.

PROCEDURE ende_grafik;

Beendet das Grafikpaket und gibt den durch Daten und Treiber belegten Speicherplatz wieder frei. Diese Prozedur wird in der Regel nur einmal benutzt, und zwar am Ende des Programmes, z.B. als letzte Anweisung.

Durch das nicht konventionelle, aber wirksame System der Koordinateneingabe sparen wir uns die Erstellung eines eigenen Editors, der unnötigerweise nur Speicher belegen würde und bei der Animation selbst nur als Blockade wirkt.

Die Manipulationen selbst schließlich sind für jedes Objekt, und seien alle Objekte noch so unterschiedlich, gleich. Wie bei Objekten üblich, werden die Manupulationsroutinen stets mit dem Namen des Objektes aufgerufen.

Achtung:

Verfallen Sie nicht folgendem Irrtum: Wenn Sie ein Objekt einmal vollständig um die eigene Achse, also um 360 Grad, drehen wollen, dürfen Sie nicht eingeben xxx.drehen(x,y,360) ! Sie würden keine Veränderung am Bildschirm merken. Bedenken Sie, daß Sie die Drehung, um sie für den Betrachter sichtbar zu machen, in Teilschritten ausführen müssen, zwischen denen das Objekt erneut angezeigt wird. Je größer die Teilschritte sind, desto schneller scheint sich das Objekt zu drehen. Gehen Sie bitte auch analog mit anderen Veränderungen vor. Weniger ist hier sicherlich MEHR!

Das Programm selbst erklärt sich von selbst, schließlich ist es das Ergebnis der letzten Kapitel, in denen bei Problemen nachgeschlagen werden kann. Zum Schluß noch ein Tip:

Probieren Sie es mit den Daten, die am Ende des Listings stehen, sowie mit dem entsprechenden Animationslisting.

```pascal
UNIT animatio;

INTERFACE

USES crt,dos,graph;

TYPE
 c_linie    = object
              x1,
              y1,
              x2,
              y2    : REAL;

              PROCEDURE init(x_start,y_start,x_ende,y_ende : REAL);
              PROCEDURE verschieben(dx,dy : REAL);
              PROCEDURE spiegeln_x(x_achse : REAL);
              PROCEDURE spiegeln_y(y_achse : REAL);
              PROCEDURE dehnen(x,y,x_faktor,y_faktor : REAL);
              PROCEDURE drehen(x,y,winkel : REAL);
            END;

 tinhalt  = c_linie;

 tzeiger  = ^telement;

 telement = RECORD
            inhalt : tinhalt;
            next   : tzeiger;
            END;

 c_liste  = object
            anfang,
            aktuell : tzeiger;

            FUNCTION leer : BOOLEAN;
            FUNCTION ende : BOOLEAN;
            PROCEDURE init;
            PROCEDURE einfuegen(element : tinhalt);
            PROCEDURE veraendern(element : tinhalt);
            PROCEDURE loeschen;
            PROCEDURE lesen(VAR element : tinhalt);
            PROCEDURE weiter;
```

```
          PROCEDURE zurueck;
          PROCEDURE load_txt(filename : STRING);
          PROCEDURE zeigen;
          PROCEDURE verschieben(dx,dy : REAL);
          PROCEDURE spiegeln_x(x_achse : REAL);
          PROCEDURE spiegeln_y(y_achse : REAL);
          PROCEDURE dehnen(x,y,x_faktor,y_faktor : REAL);
          PROCEDURE drehen(x,y,winkel : REAL);
        END;

 PROCEDURE start_grafik(verzeichnis : STRING);
 PROCEDURE stop_grafik;

 VAR seite : BYTE;

{------------------------------------------------------------------}

IMPLEMENTATION

 PROCEDURE c_linie.init(x_start,y_start,x_ende,y_ende : REAL);

  BEGIN
   x1 := x_start;
   y1 := y_start;
   x2 := x_ende;
   y2 := y_ende;
  END;

 PROCEDURE c_linie.verschieben(dx,dy : REAL);

  BEGIN
   x1 := x1 + dx;
   y1 := y1 + dy;
   x2 := x2 + dx;
   y2 := y2 + dy;
  END;

 PROCEDURE c_linie.spiegeln_x(x_achse : REAL);

  BEGIN
   verschieben((-1)*x_achse,0);
   x1 := (-1) * x1;
   x2 := (-1) * x2;
   verschieben(x_achse,0);
  END;
```

```
PROCEDURE c_linie.spiegeln_y(y_achse : REAL);

 BEGIN
  verschieben(0,(-1)*y_achse);
  y1 := (-1) * y1;
  y2 := (-1) * y2;
  verschieben(0,y_achse);
 END;

PROCEDURE c_linie.dehnen(x,y,x_faktor,y_faktor : REAL);

 BEGIN
  verschieben((-1)*x,(-1)*y);
  x1 := x1 * x_faktor;
  y1 := y1 * y_faktor;
  x2 := x2 * x_faktor;
  y2 := y2 * y_faktor;
  verschieben(x,y);
 END;

PROCEDURE c_linie.drehen(x,y,winkel : REAL);

 VAR x1_neu,y1_neu,x2_neu,y2_neu : REAL;

 PROCEDURE deg2rad(VAR winkel : REAL);

  BEGIN
   winkel := (winkel/180)*pi;
  END;

 BEGIN
  verschieben((-1)*x,(-1)*y);
  deg2rad(winkel);

  x1_neu := (x1*cos(winkel)) - (y1*sin(winkel));
  y1_neu := (y1*cos(winkel)) + (x1*sin(winkel));
  x2_neu := (x2*cos(winkel)) - (y2*sin(winkel));
  y2_neu := (y2*cos(winkel)) + (x2*sin(winkel));

  x1 := x1_neu;
  x2 := x2_neu;
  y1 := y1_neu;
  y2 := y2_neu;
```

```
     verschieben(x,y);
   END;

{------------------------------------------------------------------}

 FUNCTION c_liste.leer : BOOLEAN;

  BEGIN
   leer := (anfang^.next = nil);
  END;

 FUNCTION c_liste.ende : BOOLEAN;

  BEGIN
   ende := (aktuell^.next = nil);
  END;

 PROCEDURE c_liste.init;

  VAR dummy : tzeiger;

  BEGIN
   new(dummy);
   anfang := dummy;
   aktuell := dummy;
   dummy^.next := nil;
  END;

 PROCEDURE c_liste.einfuegen(element : tinhalt);

  VAR hilfzeiger : tzeiger;

  BEGIN
   new(hilfzeiger);
   hilfzeiger^.next := aktuell^.next;
   aktuell^.next := hilfzeiger;
   hilfzeiger^.inhalt := element;
  END;

 PROCEDURE c_liste.loeschen;

  VAR hilfzeiger : tzeiger;

  BEGIN
   hilfzeiger := aktuell^.next;
```

```
    aktuell^.next := aktuell^.next^.next;
    dispose(hilfzeiger);
  END;


PROCEDURE c_liste.veraendern(element : tinhalt);

  BEGIN
   aktuell^.next^.inhalt := element;
  END;

PROCEDURE c_liste.lesen(VAR element : tinhalt);

  BEGIN
   element := aktuell^.next^.inhalt;
  END;

PROCEDURE c_liste.weiter;

  BEGIN
   aktuell := aktuell^.next;
  END;

PROCEDURE c_liste.zurueck;

  BEGIN
   aktuell := anfang;
  END;

PROCEDURE c_liste.load_txt(filename : STRING);

 VAR disk : text;
    zeile : STRING;
    linie : c_linie;

 PROCEDURE umformen(zeile : STRING; VAR linie : c_linie);

  VAR i : BYTE;

  PROCEDURE get_next(VAR i : BYTE; zeile : STRING; VAR zahl : REAL);

   VAR nstr : STRING;
     code : INTEGER;

   BEGIN
    nstr := ";
```

```
      WHILE zeile[i]=#32 DO inc(i);
      WHILE not (zeile[i] in['-',' ']) DO BEGIN
       nstr := nstr + zeile[i];
       inc(i);
      END;
      val(nstr,zahl,code);
    END;

  BEGIN
   i := 1;
   get_next(i,zeile,linie.x1);
   get_next(i,zeile,linie.y1);
   get_next(i,zeile,linie.x2);
   get_next(i,zeile,linie.y2);
  END;

 BEGIN
  init;
  zurueck;
  assign(disk,filename);
  reset(disk);
  WHILE not eoln(disk) DO BEGIN
   READLN(disk,zeile);
   umformen(zeile,linie);
   WHILE not ende DO weiter;
   einfuegen(linie);
  END;
 END;

PROCEDURE c_liste.zeigen;

 VAR linie : c_linie;

 BEGIN
  cleardevice;
  zurueck;
  WHILE not ende DO BEGIN
   lesen(linie);
   line(round(linie.x1),round(linie.y1),round(linie.x2),
       round(linie.y2));
   weiter;
  END;
 END;

PROCEDURE c_liste.verschieben(dx,dy : REAL);
```

```
  VAR element : tinhalt;

  BEGIN
   zurueck;
   WHILE not ende DO BEGIN
     lesen(element);
     element.verschieben(dx,dy);
     veraendern(element);
     weiter;
   END;
  END;

PROCEDURE c_liste.spiegeln_x(x_achse : REAL);

  VAR element : tinhalt;

  BEGIN
   zurueck;
   WHILE not ende DO BEGIN
     lesen(element);
     element.spiegeln_x(x_achse);
     veraendern(element);
     weiter;
   END;
  END;

PROCEDURE c_liste.spiegeln_y(y_achse : REAL);

  VAR element : tinhalt;

  BEGIN
   zurueck;
   WHILE not ende DO BEGIN
     lesen(element);
     element.spiegeln_y(y_achse);
     veraendern(element);
     weiter;
   END;
  END;

PROCEDURE c_liste.dehnen(x,y,x_faktor,y_faktor : REAL);

  VAR element : tinhalt;
```

```
 BEGIN
  zurueck;
  WHILE not ende DO BEGIN
   lesen(element);
   element.dehnen(x,y,x_faktor,y_faktor);
   veraendern(element);
   weiter;
  END;
 END;

 PROCEDURE c_liste.drehen(x,y,winkel : REAL);

  VAR element : tinhalt;

  BEGIN
   zurueck;
   WHILE not ende DO BEGIN
    lesen(element);
    element.drehen(x,y,winkel);
    veraendern(element);
    weiter;
   END;
  END;

{------------------------------------------------------------}

PROCEDURE start_grafik(verzeichnis : STRING);

 VAR treiber,modus : INTEGER;

 BEGIN
  detectgraph(treiber,modus);
  CASE treiber of
   ega   : modus := egahi;
   vga   : modus := vgamed;
   ELSE WRITELN('Bitte im Handbuch nachschlagen !!!',#7,#7,#7);
  END;
  initgraph(treiber,modus,verzeichnis);
  seite := 1;
  setactivepage(1);
  setvisualpage(1);
 END;

PROCEDURE stop_grafik;
```

```
  BEGIN
    closegraph;
  END;

{-------------------------------------------------------------}

BEGIN
  seite := 1;
END.
```

Und so könnte ein passendes Animationsprogramm aussehen. Es benutzt natürlich nicht
alle Funktionen. Lassen Sie Ihre Phantasie spielen und peppeln Sie dieses magere
Programm auf. Sie werden überrascht sein, welche Effekte sich damit erzielen lassen:

```
PROGRAM test;

USES animatio,crt;

VAR motiv : c_liste;

BEGIN
  start_grafik('c:\tp\bgi');            {Pfad zm BGI-Treiber von turbo-Pascal}
  motiv.load_txt('grafik2d.txt');       {Name der Datei unten}
  motiv.zeigen;
  repeat
    motiv.drehen(320,175,5);
    motiv.zeigen;
  UNTIL keypressed;
  stop_grafik;
END.
```

Eine Beispielgrafik gehört natürlich dazu. Beachten Sie bitte, daß der Bindestrich am
Zeilenende den Sinn hat, daß das selbige von der Leseprozedur rechtzeitig erkannt
werden. Also : Bitte nicht vergessen.

Diese Punkteliste erzeugt zum Beispielprogramm eine passende Grafik:

```
320 20 320 60-
320 60 360 60-
```

```
360 60 360 20-
360 20 320 20-
320 20 340 10-
340 10 360 20-
345 25 355 25-
355 25 355 35-
355 35 345 35-
345 35 345 25-
325 60 325 35-
325 35 335 35-
335 35 335 60-
```

Kapitel 7

Warum eine dritte Dimension?

Betrachten wir uns noch einmal das bisher Erreichte. Zugegeben, es sieht eigentlich schon ganz "gut" aus. Wir können Bilder bewegen, "*animieren*", und können ganze Kleinfilme auf diese Weise herstellen. Doch irgend etwas fehlte noch, eine gute Illusion. Sieht man einen 2D-Film, so stellen wir fest, daß dieser rein gar keine Tiefe besitzt. Auf diese Weise kann eine Illusion wohl kaum zustande kommen. Da die Welt der Grafik durch immer besser werdende Hardware, wie z.B. immer schnellere Computer oder immer höher auflösende Grafikkarten, zur Perfektion der Darstellung strebt, soll auch hier diese nicht vernachlässigt werden. Warum dies so ist, und wie Abhilfe geschaffen werden kann, sollen die nachfolgenden Kapitel klären.

Theorie der räumlichen Tiefe

Es ist eine Tatsache, daß der Mensch in drei Dimensionen sieht. Das ist auch ganz einfach zu zeigen: Nehmen Sie zwei Stifte und führen Sie diese einmal mit geöffneten Augen zusammen. Das macht keinerlei Probleme. Versuchen Sie es jedoch, wenn Sie ein Auge geschlossen haben, gibt es erhebliche Probleme: Hier kann das einzelne Auge nicht mehr beide Entfernungen abschätzen und mit dem Bewegungsapparat ausgleichen. Es fehlt dann nämlich die dritte Dimension.

Der Mensch ist auf das Vorhandensein einer dritten Dimension angewiesen. Nehmen wir noch ein Beispiel, das Überqueren einer Straße. Vor dem Überqueren beobachten Sie den Verkehr und schätzen ab, wie schnell sich ein Auto nähert. Das tun Sie, indem Sie die Entfernungsänderung in einem gewissen Zeitintervall abschätzen. Dazu wird die dritte Dimension gebraucht.

Nun hat man sich an die dritte Dimension, nämlich die räumliche Tiefe, gewöhnt und kann gar nicht mehr auf sie verzichten. Auch das Fernsehen liefert hier nur eine unvollkommene Illusion, da alles in zwei Dimensionen, sprich einem einzigen Kamera-"Auge" aufgenommen wurde und somit keinerlei Tiefenwirkung vermitteln kann. Ähnlich verhält es sich mit dem Computermonitor. Er stellt schließlich auch nur auf einem zweidimensionalen Display dar. Da aber keine Kamera benutzt wird, sondern lediglich digitale Daten, ist es auch nicht weiter schwer, dem Rechner 3 Dimensionen vorzugaukeln.

Dieses 3D-Sehen auf dem Computer-Monitor ist sicherlich nicht mit der Natur zu vergleichen. Es kann hier sicherlich nicht das Prinzip des menschlichen Auges nachgebildet werden (oder doch ?):

Die Augen liefern zwei Bilder, die geringfügig verschieden sind. Schließlich sieht man die Bilder mit einem Winkelunterschied von einigen Graden. Je größer die streckenmäßigen Unterschiede sind, desto näher ist das Objekt.

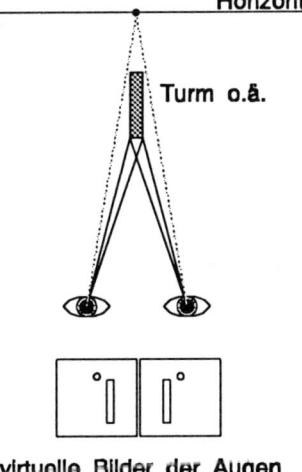

Bild 7-1 *So sieht der Mensch*

In der Grafik sieht ein Mensch auf den Horizont. Dabei ist ein einzelner Punkt so weit entfernt, daß beide Augen quasi das gleiche Bild liefern. Das Gehirn schließt daraus, daß dieser Punkt sehr weit entfernt sein muß. Anders liegt es bei dem Pfosten in der Bildmitte. Hier liefern beide Augen unterschiedliche Bilder, wie die Grafik zeigt. Im Gehirn nun werden beide Bilder gemischt. Es entsteht der reale Eindruck, daß der Pfosten räumlich vor dem Horizontpunkt liegt.

Tiefeneffekte in 2D-Grafiken

Wir haben bisher die 2D-Grafiken und entsprechende Effekte kennengelernt. Probieren wir nun folgendes aus, so erhalten wir einen einfachen, aber dennoch genau so guten wie wegweisenden Effekt der 3D-Simulation. Das Beispielprogramm erzeugt ein Quadrat und skaliert es 20 mal gegen den Bildmittelpunkt.

```
PROGRAM drei_D_Simulation;

USES graph,animatio,crt;

CONST
  fluchtpunkt_x = 320;
  fluchtpunkt_y = 175;

VAR linie  : c_linie;
    quadrat : c_liste;
    i     : BYTE;
    color  : WORD;

BEGIN

  start_grafik('c:\tp\bgi');

  { Definition eines Quadrates }

  quadrat.init;
  linie.init(20,20,100,20);
  quadrat.einfuegen(linie);
  linie.init(100,20,100,100);
  quadrat.einfuegen(linie);
  linie.init(100,100,20,100);
  quadrat.einfuegen(linie);
  linie.init(20,100,20,20);
  quadrat.einfuegen(linie);
  quadrat.zeigen;

  { Bewegung }

  FOR i:=1 TO 20 DO BEGIN
    quadrat.dehnen(fluchtpunkt_x,fluchtpunkt_y,0.9,0.9);
    quadrat.zeigen;
  END;
```

```
stop_grafik;

END.
```

Das Ergebnis ist wirklich verblüffend: Das Quadrat scheint tatsächlich nach vorne zu *fliegen* und schließlich am Horizont in einem winzigen Punkt zu verschwinden.

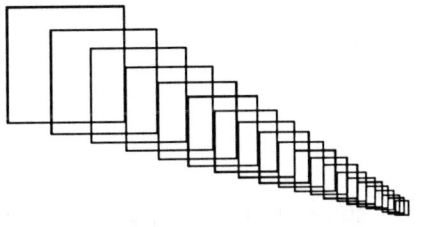

Bild 7-2 *Die Tiefe - eine optische Täuschung?*

Leider ist jedoch diese Art der Tiefenerzeugung nicht immer möglich, so daß wir uns nach einer weiteren Methode umsehen müssen, die wenigstens die räumliche Tiefe als Parameter beachtet.

Kapitel 8

Vektoren - Die Zweite

Eine weitere Achse

Sicherlich, das Thema Vektoren wurde nicht unausführlich behandelt, dennoch gibt es einen bestimmten Anlaß, dieses hier noch einmal aufzugreifen. Stellen wir uns dazu doch einmal vor, wie ein Vektorraum aussehen könnte, der auch die räumliche Tiefe berücksichtigt:

Zunächst besitzt er (wie auch schon vorher) zwei Koordinatenachsen für die x-Richtung und die y-Richtung. Es muß nun eine dritte Koordinatenachse her, die die z-Richtung bestimmt. Diese verläuft, unserem Modell entsprechend, nach hinten in den Raum.

Während die beiden erstgenannten, schon behandelten Achsen weitestgehend von der Hardware des Computers, nämlich der eingebauten Grafikkarte, bestimmt waren, ist uns bei der Festlegung eines Wertebereichs für die z-Richtung keinerlei Beschränkung auferlegt. Es ist nun aber zu bedenken, daß zugunsten einer einfacheren Dateneingabe die Werte in ähnlichen Proportionen gehalten werden sollten. Das folgende Beispiel verdeutlicht dieses. Es sind hier Koordinaten eines Objektes gegeben:

$$(0,0,0) \ (20,0,0) \ (20,0,123456), \ (0,0,123456)$$

Hätten Sie gedacht, daß solch ungleiche Werte bei einem Wertebereich von 0 bis 3950592 ein vollkommen quadratisches Viereck erzeugen können? Da wäre folgende Angabe doch schon viel angenehmer:

$$(0,0,0), \ (20,0,0), \ (20,0,20), \ (0,0,20)$$

Hier stimmen die Proportionen also. Doch wie wählen wir nun unsere Tiefe, denn schließlich muß der Computer doch einen Anhaltspunkt geliefert bekommen?

Beispiel

virtueller 3D-Raum

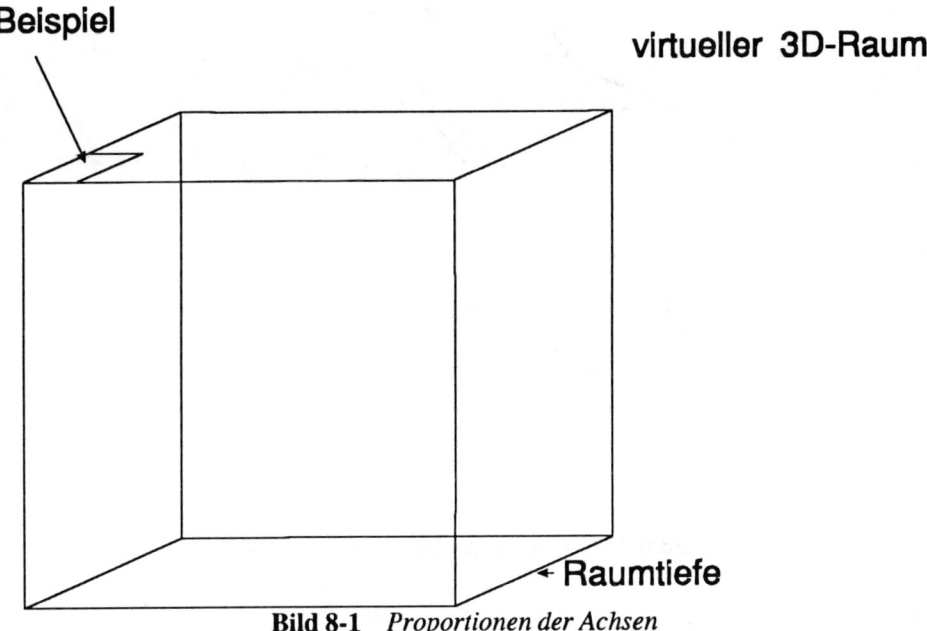

Bild 8-1 *Proportionen der Achsen*

Ganz einfach: Gehen wir davon aus, daß das Rechteck oben vollkommen quadratisch sein soll. In diesem Fall entsprechen die Kantenlängen beider beteiligter Seiten gleichen Anteilen an der Gesamtlänge des Raumes.

Das führt uns dahin, daß die räumliche Tiefe gleichzusetzen ist mit der Breite des Bildschirmbereiches, also:

Tiefe = Breite der Bildschirmanzeige

Kann der Bildschirm 640 Punkte in der Breite zeigen, so ist die Tiefe ebenfalls auf 640 Punkte zu setzen. - Kommen Sie aber bitte nicht zu falschen Schlüssen. Die Tatsache, daß wir den Raum auf die Bildschirmbreite begrenzt haben, bedeutet keineswegs eine Einschränkung in der Auflösungsfähigkeit der Animation. Da wir im Gegensatz zum Monitor nicht nur mit Ganzzahlwerten (1,2,3,...) rechnen, sondern mit mehr als 8 Nachkommastellen, bleibt die Genauigkeit auf jeden Fall vorhanden. Andererseits würde ein Heraufsetzen der Auflösung auch kein Gewinn in der Darstellungsqualität bedeuten. Die Schranken der Hardware lassen sich damit leider nicht überspringen.

Das so entstandene neue Grafik-Koordinatensystem kann man sich so vorstellen:

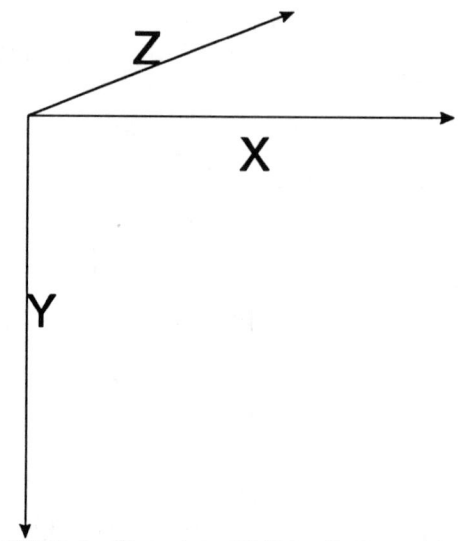

Bild 8-2   *Das virtuelle Koordinatensystem*

Da dieses aber leider zur Veranschaulichung wenig tauglich ist, wechseln wir wieder einmal zum mathematischen Koordinatensystem, denn schließlich wollen wir die Hintergründe der Animation mathematisch beleuchten:

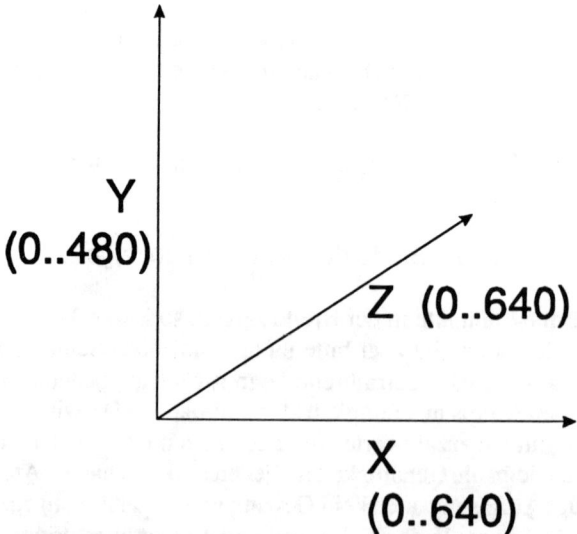

Bild 8-3   *Das gleiche noch einmal mathematisch*

Der 3D-Vektor - ein neuer Vektortyp?

Um diese Eingangsfrage zu beantworten, sehen wir uns das Koordinatensystem genauer an. Wie schon vorher haben wir einen "Grund"-Vektor, der die x-und y-Position bestimmt. Was fehlt, ist eine Angabe, die die z-Richtung eindeutig festlegt. Dazu bedienen wir uns der bereits eingeführten Vektor-Schreibweise, denn was liegt näher, als den Vektor nach unten zu verlängern?! Dieser vergrößerte Vektor sieht dann folgendermaßen aus:

$$(x, y, z) = \begin{pmatrix} x \\ y \\ z \end{pmatrix}$$

Das ist also ein völlig normaler Vektor. Und für diese gelten die elementaren Rechengesetze, wie sie schon in den vorherigen Kapiteln beschrieben wurden:

$$\begin{pmatrix} x_1 \\ y_1 \\ z_1 \end{pmatrix} + \begin{pmatrix} x_2 \\ y_2 \\ z_2 \end{pmatrix} = \begin{pmatrix} x_1 + x_2 \\ y_1 + y_2 \\ z_1 + z_2 \end{pmatrix}$$

$$n \cdot \begin{pmatrix} x \\ y \\ z \end{pmatrix} = \begin{pmatrix} n \cdot x \\ n \cdot y \\ n \cdot z \end{pmatrix}$$

Man sieht also, daß auch der neue Vektor ein ganz "normaler" Vektor ist. - Gibt es überhaupt "normale" und "unnormale" Vektoren? Das sollten wir jetzt einmal klären. Ein Vektor kann niemals "unnormal" sein. Die Tatsache, daß wir bisher den 2D-Vektor als "normal" bezeichneten, sollte uns aber nicht dazu verleiten, solch unmathematischen Ausdrücke damit in Verbindung zu bringen. Jeder Vektor ist normal, egal, wie viele Elemente er verbindet. Hier sind es nun einmal drei. Um hier den Begriff der Dimension noch einmal aufzugreifen, spricht man hier in einem 3-dimensionalen Raum von einem 3-dimensionalen Vektor.

Darstellung einfacher Figuren im dreidimensionalen Raum

Es ist nun nicht weiter schwer, einfache Figuren bzw. grafische Elemente auch in diesem Raum durch Vektoren darzustellen. Aus verständlichen Gründen ist dieses Kapitel etwas knapper gefaßt. Schlagen Sie gegebenenfalls noch einmal in dem analogen Kapitel der 2D-Grafik nach.

Der Punkt

Wie schon vorher geklärt, kann ein beliebiger Punkt im dreidimensionalen Koordinatensystem durch die Angabe jeweils einer Koordinate jeder Achse bestimmt werden. Das entspricht der Angabe eines Vektors.

Die Linie

Analog zum Punkt ist auch die Linie zu betrachten. Hier sind wie im 2D-Raum zwei Vektoren notwendig, um Lage und Verlauf einer Linie zu bestimmen. Natürlich reichen demnach auch hier zwei dreidimensionale Vektoren aus.

Der Kreis

In der Betrachtung eines Kreises verbergen sich auf den ersten Blick keine Probleme. Der einfache Kreis kann auch sicherlich so behandelt werden, wie im zweidimensionalen Raum. Es reicht ein Vektor, der den Mittelpunkt angibt, sowie eine Zahl (ein eindimensionaler Vektor), die den Radius, also den Abstand jedes einzelnen Punktes vom Mittelpunkt, angibt.

Auf den ersten Blick scheint dieses auch zu funktionieren. Es gibt jedoch ein Problem: wie wird die Lage im Raum festgehalten? Schließlich eröffnet die räumliche Tiefe die Möglichkeit, den Kreis um eine beliebige Achse (außer der trivialen z-Achse) zu drehen. Die Grafik zeigt dieses:

Wir brauchen noch eine Angabe, die die Lage festlegt. Am besten geeignet sind hier die Winkelangaben, die die Drehwinkel des Kreises gegenüber der x-und y-Achse festlegen. Die nötigen Umrechnungsarbeiten überlassen wir hier der Einfachheit halber der "zeichnen"-Prozedur, die aufgrund der Angaben den Kreis in eine darstellungswürdige Ellipse umrechnet und damit einen 3D-Effekt vorgaukelt.

Nehmen wir zunächst an, wir wollten den Kreis um die x-Achse drehen. Auf dem Bildschirm erscheint der Kreis dann von oben und unten je nach Winkelmaß zusammengedrückt. Denken wir aber weiter: Bei einem Winkel von 90 Grad sehen wir nur die theoretisch unendlich schmale Seite der Kreis-Scheibe. Der y-Radius wird also 0. Andererseits sehen wir den vollen Kreis bei einem Winkel von 0 Grad. - Doch halt, woran erinnert uns das? Warum sollen wir uns die Umrechnung so schwer machen, wenn es entsprechende Formeln gibt, die uns dieses abnehmen?

Betrachten wir nun die Cosinus-Funktion. Sie liefert für die entsprechenden Winkel genau die richtigen Werte. Die Tabelle zeigt dieses. Der in der rechten Spalte angegebene Wert ist der Faktor, mit dem der y-Radius multipliziert werden muß:

Winkel	Faktor
0	0
30	0,866...
45	0,707...
60	0,5
90	1

Die selben Werte gelten selbstverständlich auch für die x-Richtung. Fassen wir nun zusammen. Einen Kreis stellen wir dar, indem wir ihn nicht als Kreis, sondern als Ellipse darstellen, die sich je nach Lage des Kreises verändert. Dazu kann man für die Darstellungs-Prozedur eine kleine Formel aufstellen:

$$x\_Radius = Kreisradius * cos(winkel)$$
$$y\_Radius = Kreisradius * sin(winkel)$$

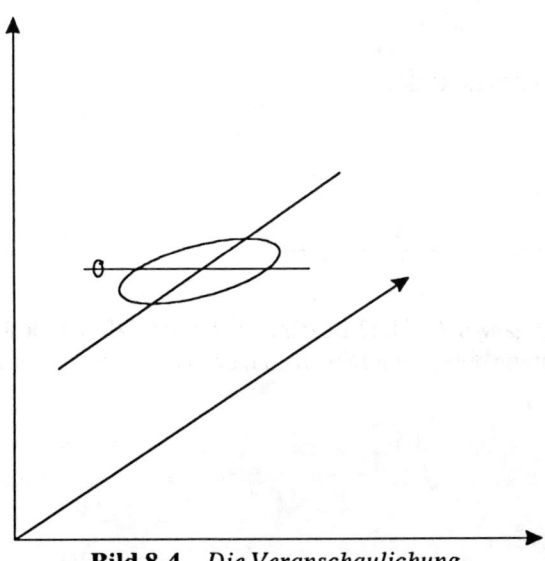

Bild 8-4 *Die Veranschaulichung*

Damit kann man schon eine Art kleinen Trickfilm programmieren, der eine Münze zeigt, welche nach dem Drehen auf den Tisch fällt.

```
PROGRAM fallende_muenze;

USES graph,crt;

CONST start = 40; { Startgröße der Münze auf dem Bildschirm }

VAR graphdriver,
    graphmode  : INTEGER;
    breite,
    winkel     : REAL;
    h,
    hoehe      : INTEGER;


BEGIN
  graphdriver := detect;
  initgraph(graphdriver,graphmode,'c:\tp\bgi');

  winkel := 0;
  FOR h:= 400 DOWNTO 0 DO BEGIN
    hoehe := h DIV 10;
    winkel := winkel + (10*pi/180);
    breite := start * cos(winkel);
    cleardevice;
    IF breite < 0 THEN
      ellipse(320,175-(hoehe DIV 2),0,360,round(breite/2),hoehe DIV 2);
  END;

  WHILE not keypressed do;

  closegraph;
END.
```

Das ist doch schon ganz nett, oder? Beachtlich aber ist, daß wir diesen Effekt eigentlich völlig ohne Beachtung der dritten Dimension, der Tiefe, erzeugen konnten.

Das Rechteck

Ähnlich wie beim Kreis verhält es sich mit dem Rechteck. Auch dieses kann unterschiedlich im 3D-Koordinatensystem liegen, bereits um verschiedene Achsen gedreht worden sein. Auch hier gibt es nur die x-und die y-Achse, die beachtet werden müssen.

Die Umwandlung der Koordinaten erfolgt analog zur Kreisberechnung, so daß hier nicht näher darauf eingegangen werden muß. Daraus ergibt sich für den Leser allerdings eine interessante Aufgabe, deren Lösung eine Kontrolle des bisher erlernten darstellt:

Aufgabe:

Schreiben Sie das Programm "Münze" für den Kreis so um, daß es ein rotierendes Rechteck darstellt.

Die künstliche Erzeugung von Tiefe aus 2D-Objekten

Es gibt sehr viele Objekte, bei denen "Vorderseite" und "Rückseite" in der Form gleich sind. Das ist z.B. der Fall beim Würfel oder beim Quader. Man muß nun sicherlich nicht jeden Punkt eingeben. Es reicht aus, die Vorderfläche zu bestimmen und die Tiefe des Objektes anzugeben. Allein aus diesen Angaben kann der Computer ein dreidimensionales Objekt berechnen. Das Prinzip funktioniert natürlich nicht nur bei grafischen Objekten. Probieren Sie es einfach einmal aus, es bietet ungeahnte Möglichkeiten. Bei vielen Software-Paketen kann auf diese Weise ein Tiefeneffekt erzeugt werden. Auch CAD (Computer Aided Design) -Programme arbeiten gelegentlich auf diese Weise, um unnötige und häufig auch umständliche Konstruktionen zu vereinfachen.

Das Prinzip beruht darauf, zunächst die angegebene Vorderfläche zu kopieren. Dabei werden die z-Koordinaten zu der angegebenen Tiefe addiert.

Es fehlen noch die Verbindungslinien. Sie werden im nächsten Schritt eingefügt. Rein mathematisch ist hiermit aus dem Quadrat ein Würfel geworden, der nun im 3D-Koordinatensystem dargestellt werden kann. - Aber wie ? Das und noch viele andere Fragen rund um die Darstellung der räumlichen Tiefe werden im nächsten Kapitel behandelt.

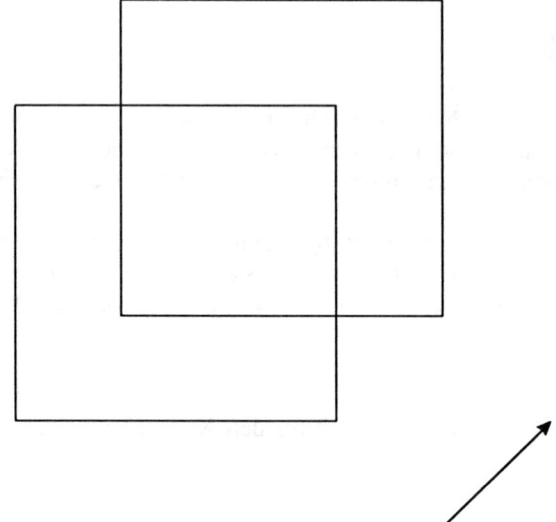

Bild 8-5   *Der erste Schritt: eine Kopie ...*

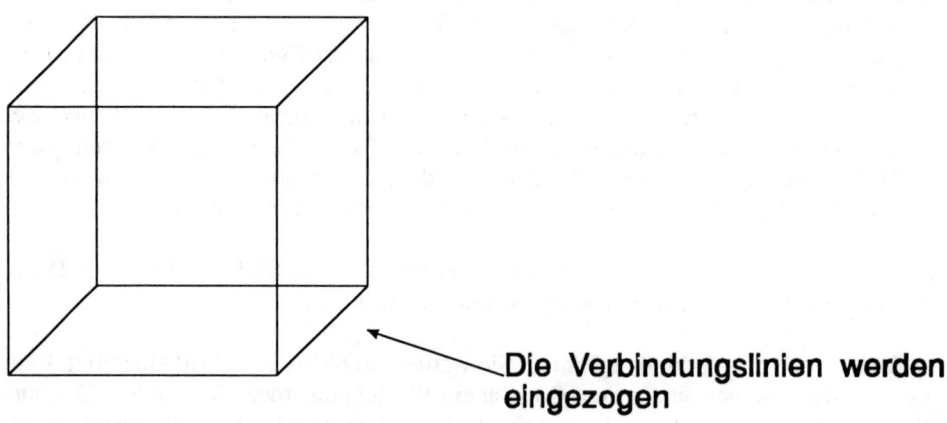

Die Verbindungslinien werden eingezogen

Bild 8-6   *2.Schritt: Die Verbindung der Ebenen*

Kapitel 9

Darstellung der räumlichen Tiefe

Das zentrale Problem der 3D-Grafk ist die Darstellung auf dem Bildschirm. Tatsächlich stellt die Methode der Darstellung ein Problem dar. Es ist logischerweise ein Problem, ein Objekt, das 3 Dimensionen umfaßt, auf einem zweidimensionalen Medium, nämlich dem Bildschirm so darzustellen, daß der Betrachter den Eindruck von räumlicher Tiefe vermittelt bekommen kann. Es sind auf jeden Fall einige Umrechnungen notwendig. Es gibt verschiedene Arten der Darstellung, die hier nacheinander besprochen werden sollten.

Dazu schweifen wir zuerst einmal etwas ab. Auch andere Bereiche der Darstellung haben sich lange Zeit mit der perspektivischen Darstellung beschäftigt. Die wohl bekannteste Vertreterin ist die Kunst, die versuchte, Bilder mit einem gewissen Tiefeneffekt darzustellen. Die Kunst bietet demnach mehrere Möglichkeiten:

Luftperspektive

Die Luftperspektive kommt in der Darstellung selbst der Natur sicherlich am nächsten. Ihr Prinzip beruht auf der natürlichen Unschärfe, die mit zunehmender Entfernung größer wird. Gegenstände, die weiter entfernt sind, erscheinen unscharf, während ein gleiches Objekt im Vordergrund klare Linien besitzt und sehr scharf konturiert wirkt. Eigentlich ist diese Art der Perspektive ausschließlich in der Kunst bekannt. Denn wie soll ein Drahtmodell, wie wir es kennen, einmal schärfer und ein anderes Mal weniger scharf abgebildet werden? Schon dieses stellt uns vor ein unlösbares Problem und führt uns zu dem vernichtenden Urteil: Dieses Modell ist für unsere Zwecke unbrauchbar.

Farbperspektive

Nicht nur in der Kunst ist man zerstritten, ob die Farbperspektive eine wirkliche Perspektive ist. Denn sie beruht auf folgenden beiden Sätzen, die die Farbgebungen für Vordergrund und Hintergrund festlegen sollen:

Vordergrund: warme Farben, wie z.B. Rot, Orange oder Gelb

Mittelgrund: Mischfarben aus grün/rot, mittelwarme Farben

Hintergrund: kalte Farben, wie z.B. blau, grün, sowie mit grau abgemischte, unreine Farbwerte

Soll man sich auf diese Weise mit der Darstellung von Bildern oder Computergrafiken in solch ein Farbmuster quetschen lassen? Ganz nebenbei bemerkt sei, daß diese Art der Darstellung sich wohl kaum für vektororientierte Modelle eignet, die ohnehin nur aus meist einfarbigen Linien bestehen. Einsichtig kommen wir also zu dem Urteil: <u>absolut nicht zu gebrauchen!</u>

Parallelperspektive (Zentralperspektive)

Hier ist man sich noch nicht einmal über den Namen der Perspektive einig: Während man in der Kunst beharrlich auf dem Namen "Parallelperspektive" beharrt, besteht man in der Mathematik (genaugenommen ist es die Geometrie) und beim technischen Zeichnen auf dem Namen "Zentralperspektive". Beide Namen jedoch drücken im Prinzip schon das aus, was die Darstellung ausmacht. Sie gehorcht folgenden Regeln:

Zunächst werden die Objekte in drei verschiedene Linienarten eingeteilt:

1.Breitenlinien: liegen parallel zur x-Achse und zeigen somit die Breite des Objektes

2.Höhenlinien: verlaufen parallel zur y-Achse und stellen die Höhe des Objektes dar

3.Tiefenlinien: verlaufen nicht parallel zu einer der Achsen, sie zeigen die Tiefe des Objektes an. Die Analogie in unseren Modellen ist die z-Achse.

Nun die Regeln:

- Alle am Gegenstand senkrechten Linien (die Höhenlinien) bleiben senkrecht und werden in voller Länge dargestellt.

- Alle waagerechten Linien (die Breitenlinien) bleiben nach wie vor waagerecht und werden in ihrer Länge nicht verändern.

- Alle Tiefenlinien werden schräg gezeichnet.

- Senkrecht in die Tiefe laufende Linien sind parallel zueinander. Außerdem sind diese mit einem Winkel von 45 Grad gegenüber den Breitenlinien zu zeichnen und um die Hälfte in ihrer Länge zu verkürzen.

Zur Verdeutlichung ein Beispiel. Gezeigt wird hier ein Würfel, der in der Parallel-/Zentralperspektive dargestellt wird:

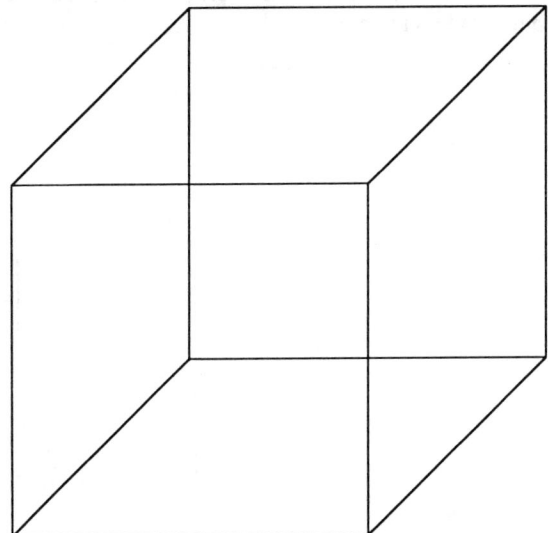

Bild 9-1   *Beispiel für die Parallelperspektive*

Auf den ersten Blick sieht das doch alles ganz vielversprechend aus. Ein gewisser 3D-Effekt kommt zur Wirkung. Doch ist diese Methode vollkommen? Sicherlich nicht, wie folgendes zeigt. In den beiden Grafiken sind einige Linien weniger stark ausgezogen, damit der damit verbundene Effekt besser zum Tragen kommt. Er tritt jedoch auch bei gleichmäßig ausgezogenen Linien auf (evtl. muß man oben länger hinsehen):

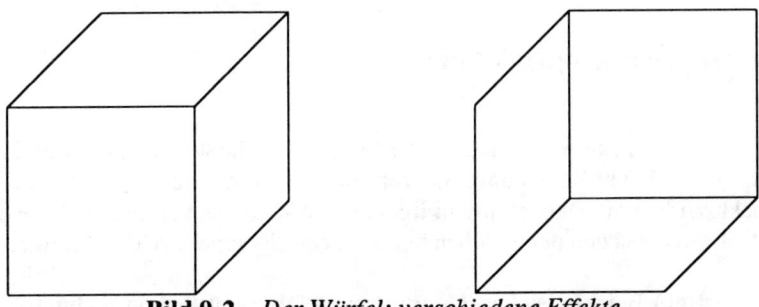

Bild 9-2   *Der Würfel: verschiedene Effekte*

Beide dargestellten Würfel sind eindeutig aus den gleichen Koordinaten entstanden. Im ersten Fall scheint man <u>auf</u> den Würfel zu sehen, in zweiten Fall steht der Würfel <u>über</u> dem Betrachter, man sieht von der Unterseite aus. So kann eine optische Täuschung entstehen. Auf diese Weise kann eine wirklich sinnvolle Perspektive nicht möglich sein. Ein ständiges Verwechseln zwischen hinten- und vorneliegenden Flächen bietet keine eindeutige Perspektive.

Erst, wenn die Linien, die man normalerweise nicht sieht, auch nicht dargestellt werden, wäre diese Perspektive sinnvoll. Dazu aber werden wir in einem späteren Kapitel kommen. Das Ergebnis sähe dann so aus:

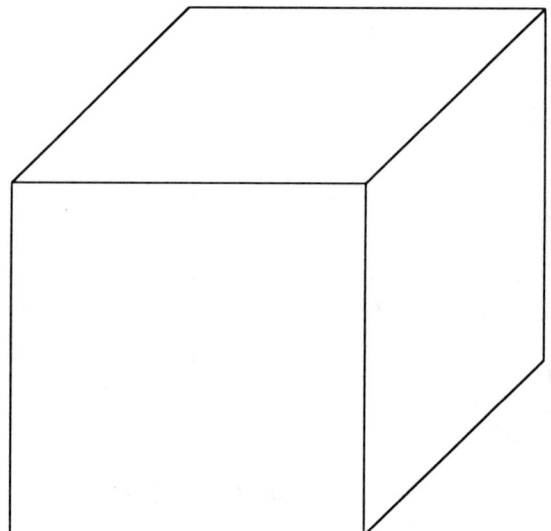

Bild 9-3   *Der Würfel: nur sichtbare Flächen*

Aus dem Drahtmodell ist hier ein Modell aus lichtundurchlässigen (opaken) Seitenflächen geworden. Die Perspektive ist somit anwendbar. Doch zunächst fällen wir das Urteil: <u>nur bedingt anwendbar!</u>

Fluchtpunktperspektive

Die Fluchtpunktperspektive ist das Haupt-Medium der Darstellung auf dem Computer und bei der technischen Zeichnung. Sie vermittelt ein korrektes perspektivisches Bild eines Objektes, ohne die Darstellung in irgendeiner Weise zu verfälschen, wie es durch Verwechslungen zwischen den Flächen bei der Zentralperspektive der Fall war.

Als Eintieg ist ein Beispiel sicherlich am aussagefähigsten. Schon dadurch kann das Grundprinzip deutlich werden:

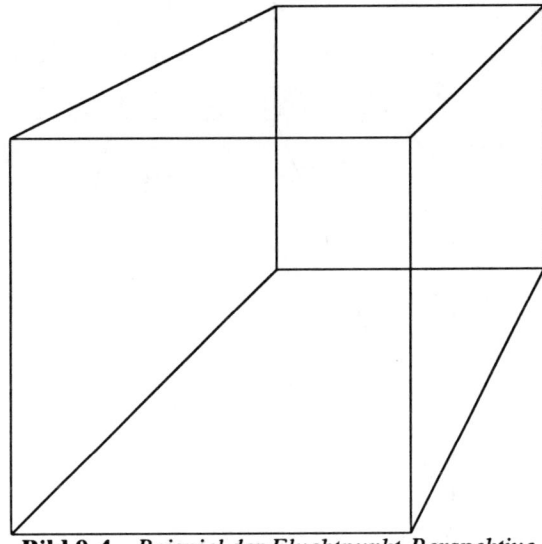

Bild 9-4 *Beispiel der Fluchtpunkt-Perspektive*

Die Darstellungsmethode richtet sich nach den nun folgenden Regeln (1.Teil):

1. Regel: Senkrechte Linien (Höhenlinien) bleiben senkrecht, waagerechte Kanten (Breitenlinien) bleiben waagerecht.

2. Regel: alle senkrecht nach hinten verlaufende Linien (Tiefenlinien) laufen auf einen gemeinsamen Punkt zu, der auch Fluchtpunkt genannt wird.

3. Regel: Der Fluchtpunkt liegt auf der Horizontlinie

Doch diese Regeln reichen auf keinen Fall aus, es werden weitere benötigt. Denn auch die Fluchtpunktperspektive eröffnet noch mehr Möglichkeiten.

Die Vogelperspektive

Stellen wir uns einen Vogel vor, der über einen Würfel fliegt, wie wir ihn aus den vorherigen Beispielen kennen. Er müßte diesen doch völlig anders sehen. Er sieht vor allem die Oberseite. Das Bild dürfte dann folgendermaßen aussehen:

Man bekommt hier wahrlich den Eindruck, über dem Würfel zu *schweben*.

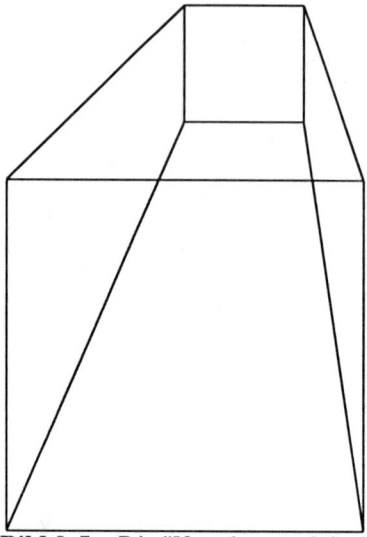

Bild 9-5 *Die "Vogelperspektive"*

Die Froschperspektive

Das Gegenteil zur Vogelperspektive ist die Froschperspektive. Danach bietet sich für einen Frosch, der vor einem würfelartigen Gebilde steht, folgendes Bild:

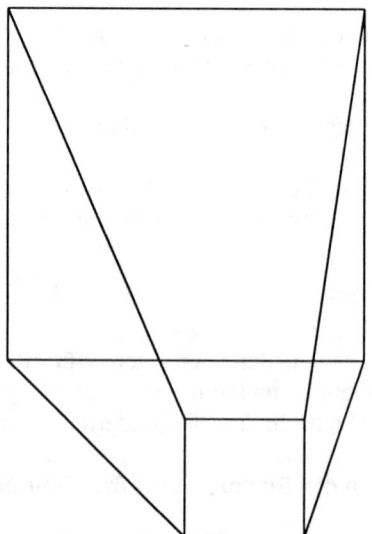

Bild 9-6 *Die "Froschperspektive"*

Die Wahl des Fluchtpunktes

Die Vogel- und die Froschperspektiven unterscheiden sich lediglich in einem einzigen Punkt, nämlich in der Wahl des Fluchtpunktes. Während bei der hohen Vogelperspektive der Fluchtpunkt relativ hoch (sogar über der Würfeloberkante) gewählt wurde, liegt der Fluchtpunkt in der Froschperspektive eben der Körpergröße eines Frosches entsprechend niedrig. Sicherlich, beide Perspektiven stellen Extreme dar, dennoch verdeutlichen sie, wie wichtig die richtige Wahl des Fluchtpunktes ist. Denken wir doch einmal real. Als Mensch betrachten wir alle Gegenstände aus einer bestimmten Höhe. Stellen wir uns in einen Raum und blicken wir geradeaus, so blicken wir auf einen Punkt auf einer gewissen Horizontlinie. Sie ist maßgebend für die Perspektive. Man kann bei diesem Experiment feststellen, daß alle in die Tiefe verlaufenden Kanten tatsächlich auf diesen einen Punkt auf der Horizontlinie zuzulaufen scheinen. Soeben haben wir den Fluchtpunkt gefunden.

Wir stellen also zu den vorhandenen Regeln noch weitere auf:

4. Regel: Die Horizontlinie ist abhängig von der Augenhöhe des Betrachters

5. Regel: Liegt die Augenhöhe sehr hoch, so sprechen wir von der Vogelperspektive, liegt sie sehr niedrig, spricht man von der Froschperspektive.

Fazit: Man sollte den Fluchtpunkt immer passend wählen. Passend bedeutet hier, daß man möglichst so sieht, als wenn man das Objekt in Wirklichkeit vor sich sieht. Stellt man auf dem Computer einen Raum dar, so bietet sich die Bildmitte an. Der Fluchtpunkt ist also

$$
\begin{pmatrix}
\dfrac{\text{Bildbreite}}{2} \\[2mm]
\dfrac{\text{Bildhöhe}}{2} \\[2mm]
\text{Bildtiefe}
\end{pmatrix}
$$

Ich denke, angesichts der Vorteile der Fluchtpunktperspektive ist eine Bewertung wie bei den anderen Perspektiven unnötig. Sie ist ohnehin die beste und auch natürlichste Art der Darstellung. Ausgehend von den gewonnenen Erkenntnissen wird auch im Nachfolgenden die Fluchtpunktperspektive angewandt.

Die Realisierung der Fluchtpunktperspektive

Wir wissen von der Fluchtpunktperspektive eigentlich noch nicht viel. Zum Beispiel wissen wir auch nicht, wie sie mathematisch möglichst einfach und schnell, aber dennoch gut realisiert werden kann.

Doch eines kann man mit Bestimmtheit sagen: Daß nämlich alle Punkte, die vorher auf einer gemeinsamen Tiefenlinie in den Raum liegen, wieder auf einer Linie liegen müssen. Diese Linie verläuft auf einen Fluchtpunkt zu.

Diesen Effekt kennen wir schon von der Skalierung auf einen bestimmten Punkt. Alle Objekte, die durch die Skalierung verkleinert wurden, verliefen auf den Skalierungs-Nullpunkt zu. Was liegt denn nun näher, als uns diesen mühsam erarbeiteten Effekt zunutze zu machen?!.

Sehen wir uns diesen Effekt noch einmal genauer an. Er skaliert den Punkt so, daß die Koordinaten um einen bestimmten Faktor verkleinert oder vergrößert werden. Die Logik gebietet, daß das Objekt am größten zu zeigen ist, wenn es keine Tiefe besitzt, also $z=0$. Am kleinsten ist es, wenn es die größtmögliche z-Koordinaten besitzt. Alles, was an z-Koordinaten dazwischen liegt, muß linear verlaufen.

Es ist nun nicht schwer, das Verhältnis zwischen Gesamttiefe und z-Koordinate festzustellen. Es wird hier die Verhältnisvariable V eingeführt:

$$V = \frac{\text{z-Koordinate}}{\text{Gesamttiefe}}$$

Nun benötigen wir aber den Umkehrfaktor (mathematisch ist dieses natürlich nicht der Umkehrfaktor, sondern eine Differenz), so daß wir erhalten:

$$V = 1 - \frac{\text{z-Koordinate}}{\text{Gesamttiefe}}$$

Unter dieser Funktion kann man sich allein durch Anstarren noch nichts vorstellen. Nehmen wir also eine Gesamttiefe von 640 an und betrachten wir den entsprechenden Kurvenverlauf. Man kann erkennen, daß die Formel die Tiefe genau passend in einen Vorfaktor, der zwischen 0 und 1 liegt, umzusetzen vermag. Schließlich müssen wir x-und y-Koordinate des anzuzeigenden Punktes nur insoweit verändern, daß wir ihn unmittelbar vor der Darstellung mit diesem Faktor skalieren. Je kleiner also das V wird, desto weiter wird der entsprechende Punkt zum Fluchtpunkt hingeschoben. So einfach dieser Effekt auch ist - das Ergebnis ist verblüffend.

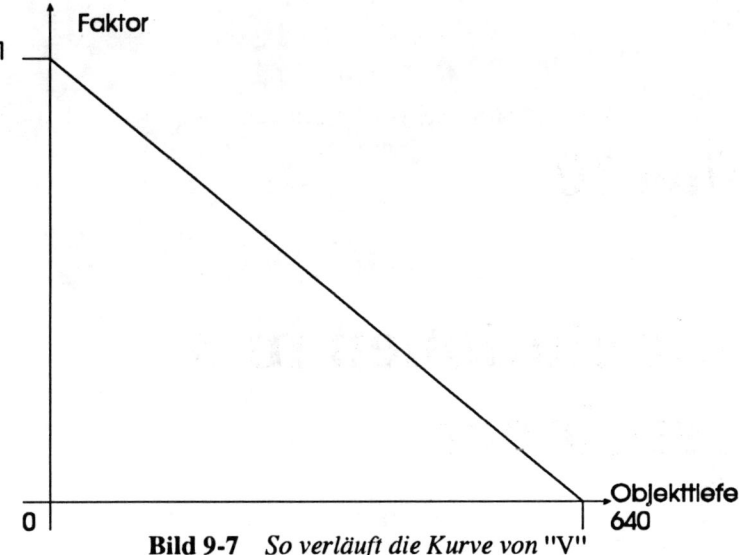

Bild 9-7   *So verläuft die Kurve von "V"*

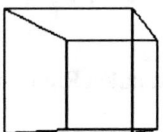

Bild 9-8   *Das macht Turbo Pascal aus der Formel*

Kapitel 10

Manipulationen in 3 Dimensionen

Das wichtigste Kapitel bei der Grafikanimation sind die Manipulationsroutinen. Zwar können hier bereits einige dieser aus dem zweidimensionalen Raum übertragen werden, doch bringt die Übertragung bei anderen Routinen wiederum größere Probleme mit sich. Zunächst werden einige einfachere Übertragungsbeispiele aufgeführt, bevor zu schwierigeren Routinen übergegangen wird.

Die Verschiebung (Die einfache Transformation)

Die Verschiebung ist bereits aus dem zweidimensionalen Raum bekannt. Sie beruhte auf folgender Formel:

$$\begin{pmatrix} x' \\ y' \end{pmatrix} = \begin{pmatrix} x \\ y \end{pmatrix} + \begin{pmatrix} dx \\ dy \end{pmatrix} = \begin{pmatrix} x + dx \\ y + dy \end{pmatrix}$$

Letztlich besteht nun der Unterschied zwischen den beiden verwandten Räumen nur in einer zusätzlichen Dimension. Diese Verwandtschaft erlaubt, nein, beweist uns, daß wir lediglich die z-Koordinate hinzufügen müssen, um die richtige Formel auch in der Tiefe anwenden zu können:

$$\begin{pmatrix} x' \\ y' \\ z' \end{pmatrix} = \begin{pmatrix} x \\ y \\ z \end{pmatrix} + \begin{pmatrix} dx \\ dy \\ dz \end{pmatrix} = \begin{pmatrix} x + dx \\ y + dy \\ z + dz \end{pmatrix}$$

Auf den Beweis der Richtigkeit dieser Formel wird an dieser Stelle verzichtet. Sehen wir uns doch kurz das Ergebnis im Endprogramm an.

Die Dehnung/Skalierung

Ebenso einfach funktioniert die Dehnung oder auch Skalierung im dreidimensionalen Raum. Gehen wir dieses Mal wieder so vor, wie bei der Übertragung der Transformation und betrachten die Formel für den 2D-Raum:

$$\begin{pmatrix} x' \\ y' \end{pmatrix} = \begin{pmatrix} x \cdot x\text{-Faktor} \\ y \cdot y\text{-Faktor} \end{pmatrix}$$

Auch hier funktioniert die Übertragung auf sehr einfache Weise, indem die neue dritte Dimension (die z-Koordinate) einfach hinzugefügt wird. So erhalten wir eine neue (ist sie wirklich neu?) Formel:

$$\begin{pmatrix} x' \\ y' \\ z' \end{pmatrix} = \begin{pmatrix} x \cdot x\text{-Faktor} \\ y \cdot y\text{-Faktor} \\ z \cdot z\text{-Faktor} \end{pmatrix}$$

Auch hier ist es sicherlich trivial, den Beweis für die Richtigkeit der Formel aus den Überlegungen für den tiefenlosen 2D-Raum zu finden.

Die Drehung

Schon schwieriger wird es bei den Drehungsroutinen. Hier muß z.T. in extremen Maßen umgedacht und übertragen werden. Doch keine Angst, wenn Sie es bis hierhin geschafft haben, dann werden Sie auch dies schaffen. Die Grundregel lautet: Keine Panik vor zu großen Formelmonstern!

Drehung um die z-Achse

Um auf einfache Weise einzusteigen und gleichzeitig eine kleine Wiederholung durchzuführen, teilen wir die komplette Drehung zunächst einmal in die Einzeldrehungen um die entsprechenden Achsen auf.

Die trivialste Achse ist die z-Achse. Die Formel für die Drehung entspricht vollkommen der aus dem 2D-Raum bekannten. Das kann man folgendermaßen begründen: Der Punkt, um den wir vorher gedreht haben, stellt im 3D-Raum nichts anderes als die entsprechende z-Achse durch diesen Punkt dar. Doch was passiert nun mit der neu hinzugekommenen z-Koordinate? Sie bleibt einfach gleich, da um die z-Achse gedreht wird. Warum das so ist, können Sie feststellen, indem Sie einen Gegenstand auf einen Tisch legen und ihn einfach drehen. Dabei wird er wohl kaum in den Tisch eintauchen, sondern immer auf der Oberfläche liegenbleiben. Klar wird auch dieses noch einmal, indem wir uns die Drehung vorstellen:

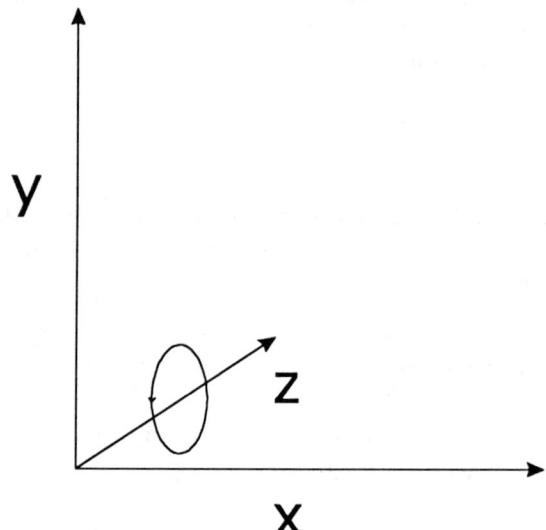

Bild 10-1   *So wird um die z-Achse gedreht*

Zusammengefaßt erhalten wir also folgende Formel:

$$\begin{pmatrix} x' \\ y' \\ z' \end{pmatrix} = \begin{pmatrix} x \cos w - y \sin w \\ y \cos w + x \sin w \\ z \end{pmatrix}$$

Drehung um die x-Achse

Jetzt geht es zur Sache, es wird kompliziert. Wir wollen ein Objekt um die x-Achse drehen. Doch wie sieht die Drehung denn aus? Sehen wir uns folgende Grafik an:

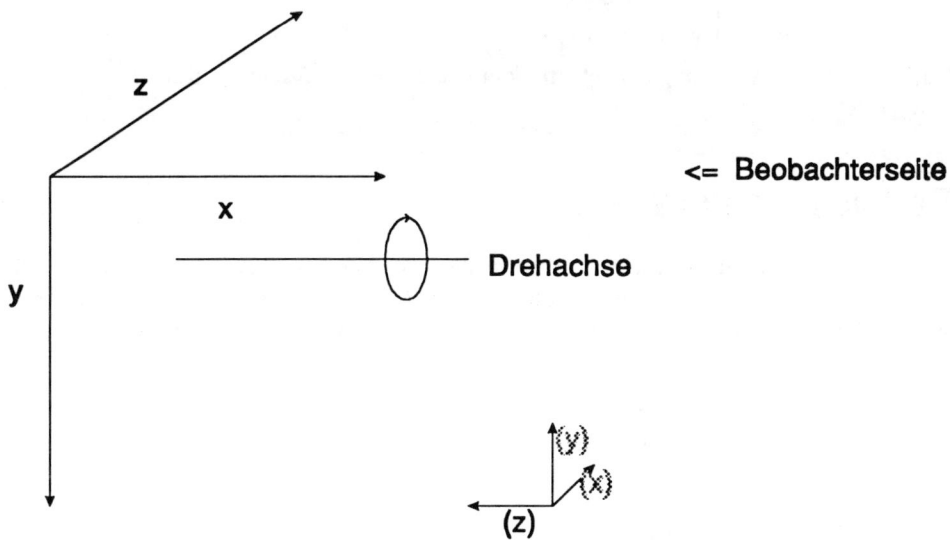

Bild 10-2 *Die Drehung um die x-Achse*

Jetzt können wir etwas weniger Erstaunliches feststellen: Betrachten wir den 3D-Raum von der rechten Seite aus, so sieht es aus wie oben, bei der Drehung um die z-Achse.

Der Schein trügt hier sicherlich nicht: Tatsächlich kann die Formel aus der obenstehenden hergeleitet werden. Es sind dazu lediglich einige Namensänderungen notwendig. Welche, das geht aus folgender Tabelle hervor:

alter Name	neuer Name
z	x
x	y
y	z

Demnach können wir nach dieser "Code"-Tabelle unsere Formel umschreiben, indem wir aus der Ursprungsformel durch einfaches Umschreiben alle Variablennamen nach der Tabelle umbenennen:

$$\begin{pmatrix} z' \\ y' \\ x' \end{pmatrix} = \begin{pmatrix} y \sin w + z \cos w \\ y \cos w - z \sin w \\ x \end{pmatrix}$$

Bringen wir die Variablen zum Schluß noch in die richtige Reihenfolge, ergibt sich ein nicht ganz unvertrautes Bild:

$$\begin{pmatrix} x' \\ y' \\ z' \end{pmatrix} = \begin{pmatrix} x \\ y \cos w - z \sin w \\ y \sin w + z \cos w \end{pmatrix}$$

Nach dieser Umformungsvorschrift kann also eine Drehung um die x-Achse bewerkstelligt werden.

Drehung um die y-Achse

Jetzt scheint es auch nicht mehr weiter schwer zu sein, auch die letzte verwandtschaftliche Beziehung herzuleiten, die Rede ist von der Drehung um die y-Achse. Sehen wir uns zunächst an, wie eine solche Drehung auszusehen hat:

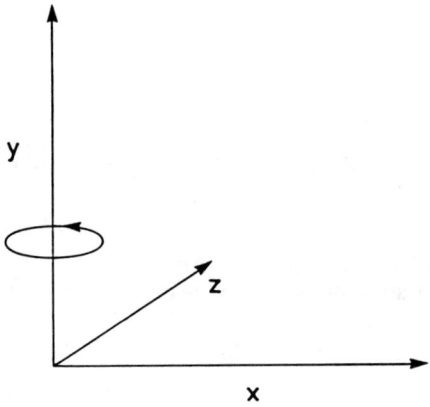

Bild 10-3 *Die Drehung um die y-Achse*

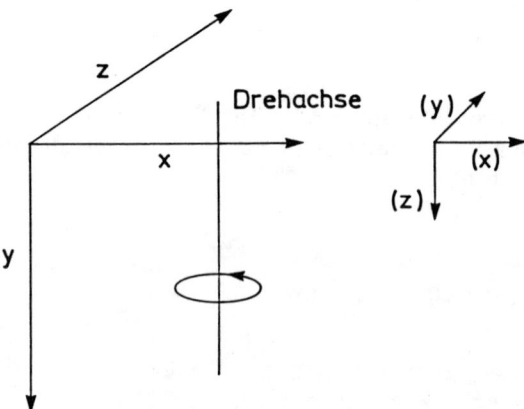

Bild 10-4 *Sinnvoll: Die Betrachtung von oben*

Wichtig ist außerdem noch, zu wissen, wie sich die Variablennamen ändern müssen. Dazu ist die letzte Grafik besser geeignet. Schließlich können wir auch hier wieder einmal eine kleine Tabelle aufstellen, die uns verrät, in welcher Weise die Variablennamen umzubenennen sind:

alter Name	neuer Name
z	y
y	x
x	z

Jetzt können wir unsere Standardformel umschreiben, so daß wir erhalten:

$$\begin{pmatrix} x' \\ z' \\ y' \end{pmatrix} = \begin{pmatrix} x \cos w + z \sin w \\ z \cos w - x \sin w \\ y \end{pmatrix}$$

Auch hier muß vor der Anwendung (auch zu Gunsten der Übersichtlichkeit) umsortiert werden:

$$\begin{pmatrix} x' \\ y' \\ z' \end{pmatrix} = \begin{pmatrix} x \cos w + z \sin w \\ y \\ z \cos w - x \sin w \end{pmatrix}$$

Verknüpfung verschiedener Drehungen

Jetzt wird es interessant. Es geht um die Verknüfung verschiedener Drehungen (um verschicdene Achsen). Es ist recht einleuchtend, daß man eine Drehung um verschiedene Achsen (drei Achsen sind möglich) nach folgendem Schema ausführen kann:

1. Drehung um die erste Achse

2. Drehung um die zweite Achse

3. Drehung um die dritte Achse

Dabei ist aber zu bedenken, daß eine einzelne Drehungsoperation aus folgenden drei Grundelementen besteht:

1.1 Verschiebung auf den Drehungs-Nullpunkt

1.2 Drehung um die entsprechende Achse

1.3 Rückverschiebung auf die tatsächliche Position

Alle Schritte werden bei jeder einzelnen Drehung ausgeführt. Dabei werden zumindest die Schritte 1.1 und 1.3 dreimal mit genau denselben Werten ausgeführt. - Welche Rechenzeit.Verschwendung!!

Es geht aber noch sparsamer: Vor der eigentlichen Drehungsoperation verschieben wir nur einmal den entsprechenden Vektor auf die Dreh-Position. Danach werden alle drei Drehungen durchgeführt, soweit dieses notwendig ist. Danach wird der Vektor wieder zurückgeschoben. Das geht wesentlich schneller, zumal es mindestens 6 (Aufrufe) * 3 (Dimensionen) = 18 Rechenschritte spart und somit den Bildschirmaufbau deutlich beschleunigt.

Hiermit nun ist der Grundstein zur Entwicklung eigener Programme gelegt. Im Anschluß an das nächste Kapitel werden wir uns damit beschäftigen, wie die gewonnen Kenntnisse am besten in die Praxis umzusetzen sind. Dann wird ein komplettes Animations/Darstellungs-Programm für 3D-Objekte aufgebaut.

Kapitel 11

3D-Perfekt? - Die "Fernseh"-Brillen

Vor einigen Jahren sorgte eine sensationelle Entwicklung für Furore. Das zweidimensionale Medium Fernsehen sollte dreidimensional werden. Jedoch schlugen die Versuchssendungen nicht gerade auf Begeisterung bei den Zuschauern. Der Grund: Um den Tiefeneffekt quasi im Fernsehsessel vermittelt zu bekommen, muße man bei völliger Dunkelheit (außer natürlich dem eingeschalteten Fernseher) eine Filterbrille aufsetzen. Was es damit auf sich hat, wird in den nachfolgenden Kapiteln beleuchtet.

Die Theorie der 3D-Brillen

Der Trick an sich ist nicht weiter schwer und auch leicht nachzuvollziehen, wenn man sich etwas in die Materie hineindenkt. - Gehen wir dazu noch einmal etwas zurück. Vor wenigen Kapiteln behandelten wir die Theorie des dreidimensionalen Sehens. Demnach sehen wir aus dem Grund dreidimensional, weil die beiden Augen zwei leicht voneinander unterschiedliche Bilder liefern. Diese werden erst im Gehirn zusammengesetzt.

Aber wer bestimmt denn, daß diese Bilder ausschließlich aus der Natur kommen müssen? Das haben sich auch schon vor langer Zeit kluge Leute gedacht, die auf diese Weise das Medium Kino (an Fernsehen war damals noch nicht zu denken) revolutionierten:

Hierbei wurde das Bild (oder besser: die Bilder) mit zwei Kameras aufgenommen, die einen gewissen Abstand voneinander haben. Sie simulierten die Augen des Menschen. Um die Filme nun abzuspielen, liefen sie synchron direkt vor den Augen des Betrachters ab. Jedes Auge sah also auf diese Weise nur das entsprechende Bild. Ein 3D-Effekt wurde erreicht.

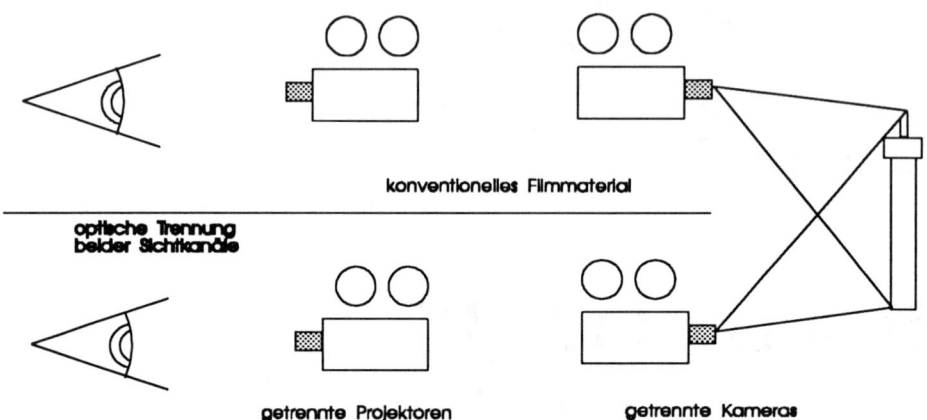

Beide "Sichtkanäle" sind optisch vollkommen voneinander isoliert

Bild 11-1 *Das Prinzip des "Stereo"-Kinos*

Leider hat sich diese Methode, die zum Zeitpunkt ihrer Erfindung revolutionär war, nicht durchgesetzt. Zu teuer waren die notwendigen Apparaturen. Schließlich wollte man auch nicht immer in einen komplizierten und auch teuren Apparat schauen, der immer nur für eine Person das entsprechende Bild liefert. Die Unwirtschaftlichkeit des Systems ist leicht einsichtig.

Aber warum sollte eine solche Entdeckung heute, im Zeitalter der modernen Massenmedien (Fernsehen,...) nicht zu realisieren sein? Das dachten sicherlich zum richtigen Zeitpunkt die richtigen Leute und entwickelten eine 3D-Übertragungsmethode, die über ein einzelnes Bild, das Fernsehbild, übertragen werden konnte.

Die Lösung war genial: Wieder wurden über zwei Kameras unterschiedliche Bilder aufgezeichnet. Hier nun mit dem Unterschied, daß vor jeder Kamera ein anderer Farbfilter das Bild filterte. Später wurden beide Filme übereinandergelegt und somit synchronisiert. Das Ergebnis konnte in einem normalen Kino abgespielt werden, wobei der Zuschauer eine spezielle Brille aufsetzen mußte. Diese filterte vor dem jeweiligen Auge das entsprechende Bild aus und brachte so den 3D-Effekt mit sich.

In gar nicht so weiter Vergangenheit wurde dies wieder aufgegriffen und auf das Medium Fernsehen übertragen. Wie bei allen anderen Versuchen war auch dieses Projekt zum Scheitern verurteilt, sah der Betrachter die Bilder doch immer farbstichig und mit Falschfarben. Nebenbei erzeugten die unterschiedlich farblich unterlegten Bilder nicht selten Kopfschmerzen.

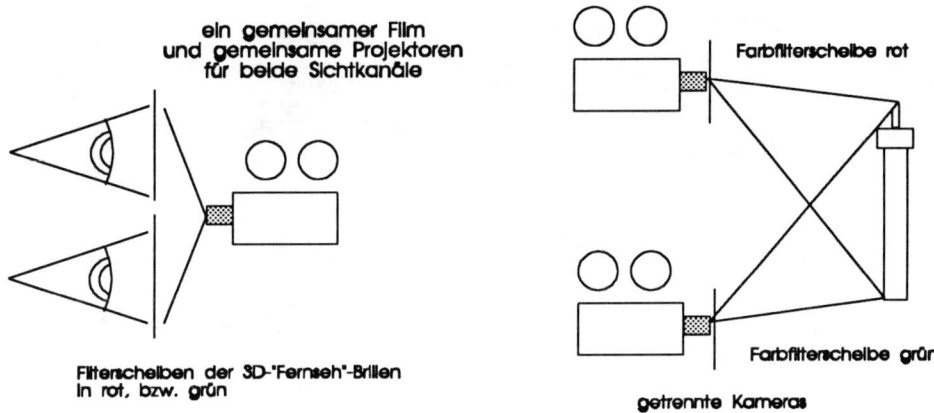

Eine direkte Trennung der beiden Sichtkanäle
existiert nicht.
Bild 11-2 *Hatten keinen Erfolg: Die 3D-Brillen*

Die Übertragung auf den Computer

Die Tatsache, daß dieses Prinzip auf dem Computer noch keinen Einzug gehalten hat, ist Anlaß genug, sich damit zu beschäftigen. Denn schließlich will man keine ganzen Filme betrachten, sondern sich vielleicht dieses Mediums als Eingabehilfe zu eigen machen. Der Vorteil liegt auf der Hand: dreidimensionale Objekte lassen sich direkt betrachten, ohne komplizierte Umrechnungen zur Betrachtung anstellen zu müssen.

Wie funktioniert es nun auf dem Computer: Zunächst einmal brauchen wir eine 3D-Brille älterer Bauart, d.h. mit den beiden Farbfiltern "100% rot" links und "100% grün" rechts.

Der Computer muß zwei Bilder erzeugen, die geringfügig voneinander verschieden sind. Das Geheimnis (der Unterschied) besteht aus einer einfachen Drehung um wenige Grade um den Fluchtpunkt. Es muß selbstverständlich um die y-Achse gedreht werden.

Berechnen wir doch einmal, wie weit, also um welchen Winkel gedreht werden muß.

Nehmen wir dazu an, Sie benutzen einen durchschnittlichen Monitor mit einer Bilddiagonale von 12 Zoll, also ungefähr 30.5 cm. Wir haben einst vereinbart, daß der Raum genau so tief sein soll, wie er breit ist, also 30.5 cm. Gehen wir von einem durchschnittlichen Augenabstand von ca. 8 cm aus. Ist das Objekt vor den Augen, so soll es den maximalen Spreizabstand aufweisen. Das ist 4 cm=0.5*8 cm. Sehen wir uns die jetzige Situation an (Ansicht von oben):

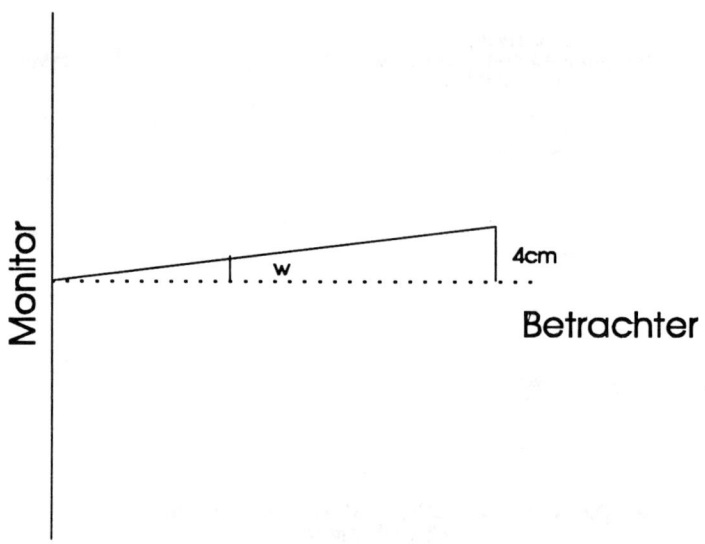

Bild 11-3 *Die Situation vor dem Monitor*

{Grafik 3D-Winkel}

Wir können den Abstand von 4 cm als Tangens des Winkels w auffassen. Um nun w zu berechnen, müssen wir rechnen:

In diesem Fall erhalten wir für w=7.5 Grad (angenäherter Wert). Allgemein können wir den entsprechenden Winkel also nach dieser Formel berechnen:

Zur Umsetzung in ein Programm müßte man also nur folgendes tun: Pro angezeigtes Bild wird das entsprechende Objekt 2*erzeugt. Beim ersten Mal wird es in grün und um 7.5/2=3.75 Grad nach links gedreht dargestellt. Das zweite Mal wird das Objekt um 3.75 Grad nach rechts gedreht und in rot dargestellt. Schon dürfte der 3D-Effekt perfekt sein.

Zum Schluß sei aber noch einmal gesagt: "wirtschaftlich" ist diese Methode sicherlich nicht, und sie liefert auch nicht die schönsten Bilder, aber sie funktioniert und ist auf jeden Fall sehenswert.

Aus den oben genannten Gründen halte ich es nicht für sinnvoll, diese Route weiter zu verfolgen. Allein aus Gründen der Vollständigkeit wurde dieses Kapitel eingefügt. Sie können es aber dennoch ausprobieren, denn dieses Thema ist alles andere als uninteressant.

Kapitel 12

Die komplette 3D-Animation

Bis hier haben wir alles erarbeitet, was notwendig ist, um die Animation auch in drei Dimensionen durchführen zu können. Eigentlich bleibt mir an dieser Stelle nur übrig, ein Listing mit dem Titel *"gesammelte Werke"* auszudrucken, wäre da nicht noch eine winzige Schwierigkeit.

Wie Sie sicherlich schon herausgefunden haben, bereitet das Umschalten der Bildschirm-seiten noch einige Probleme. Diese treten beim Löschen auf. Denn löschen wir den Bildschirm nun mit **cleardevice**, so wird zwar recht schnell gelöscht, das aber auf allen Bildschirmseiten. Somit ist ein reibungsloser Übergang nicht möglich. Allein dies war der Grund dafür, noch eine weitere Lösung zu suchen. Dazu bietet Turbo-Pascal die Prozedur **clearviewport** an. Sie löscht nur das angegebene Zeichenfenster.

Auch hier gibt es einen winzigen Haken: Diesmal ist es die Geschwindigkeit. Da die Prozedur auf der verwandten Prozedur **floodfill** basiert, ist dieses recht langsam.

Schneller jedoch funktioniert es, wenn Sie das zu löschende Bildschirmfenster auf ein Minimum verkleinern und damit auf den tatsächlichen Bewegungsradius des Objektes beschränken. Es gibt dazu im Listing eine entsprechende Prozedur. Beachten Sie bitte auch den Vermerk in der Prozedur "zeichnen".

```
UNIT animat3d;

INTERFACE

USES crt,dos,graph;

TYPE
  tfluchtpunkt = RECORD
          x,
```

```
              y,
              z  : REAL;
            END;

c_linie   = object
            x1,
            y1,
            z1,
            x2,
            y2,
            z2    : REAL;

            PROCEDURE init(x_start,y_start,z_start,
                    x_ende,y_ende,z_ende : REAL);
            PROCEDURE verschieben(dx,dy,dz : REAL);
            PROCEDURE dehnen(x,y,z,x_faktor,y_faktor,z_faktor : REAL);
            PROCEDURE drehen(x,y,z,wx,wy,wz : REAL);
            END;

tinhalt   = c_linie;

tzeiger   = ^telement;

telement = RECORD
            inhalt : tinhalt;
            next   : tzeiger;
           END;

c_liste   = object
            anfang,
            aktuell : tzeiger;

            FUNCTION leer : BOOLEAN;
            FUNCTION ende : BOOLEAN;
            PROCEDURE init;
            PROCEDURE einfuegen(element : tinhalt);
            PROCEDURE veraendern(element : tinhalt);
            PROCEDURE loeschen;
            PROCEDURE lesen(VAR element : tinhalt);
            PROCEDURE weiter;
            PROCEDURE zurueck;
            PROCEDURE load_txt_3d(filename : STRING);
            PROCEDURE zeigen;
            PROCEDURE verschieben(dx,dy,dz : REAL);
            PROCEDURE dehnen(x,y,z,x_faktor,y_faktor,z_faktor : REAL);
```

```
        PROCEDURE drehen(x,y,z,wx,wy,wz : REAL);
     END;

 PROCEDURE start_grafik(verzeichnis : STRING);
 PROCEDURE stop_grafik;
 PROCEDURE set_animation_window(x1,y1,x2,y2 : WORD; clip : BOOLEAN);

 VAR seite : BYTE;
    fluchtpunkt : tfluchtpunkt;
    getmaxz : REAL;

{----------------------------------------------------------------}

IMPLEMENTATION

 PROCEDURE c_linie.init;

  BEGIN
   x1 := x_start;
   y1 := y_start;
   z1 := z_start;
   x2 := x_ende;
   y2 := y_ende;
   z2 := z_ende;
  END;

 PROCEDURE c_linie.verschieben;

  BEGIN
   x1 := x1 + dx;
   y1 := y1 + dy;
   z1 := z1 + dz;
   x2 := x2 + dx;
   y2 := y2 + dy;
   z2 := z2 + dz;
  END;

 PROCEDURE c_linie.dehnen;

  BEGIN
   verschieben((-1)*x,(-1)*y,(-1)*z);
   x1 := x1 * x_faktor;
   y1 := y1 * y_faktor;
   z1 := z1 * z_faktor;
   x2 := x2 * x_faktor;
```

```
    y2 := y2 * y_faktor;
    z2 := z2 * z_faktor;
    verschieben(x,y,z);
  END;

PROCEDURE c_linie.drehen;

  VAR x1_neu,y1_neu,z1_neu,x2_neu,y2_neu,z2_neu : REAL;

  PROCEDURE deg2rad(VAR winkel : REAL);

   BEGIN
    winkel := (winkel/180)*pi;
   END;

 BEGIN
  verschieben((-1)*x,(-1)*y,(-1)*z);

  { Drehung um z-Achse }
  IF wz / 360 < 0 THEN BEGIN
    deg2rad(wz);
    x1_neu := (x1*cos(wz)) - (y1*sin(wz));
    y1_neu := (y1*cos(wz)) + (x1*sin(wz));
    x2_neu := (x2*cos(wz)) - (y2*sin(wz));
    y2_neu := (y2*cos(wz)) + (x2*sin(wz));
    x1 := x1_neu;
    x2 := x2_neu;
    y1 := y1_neu;
    y2 := y2_neu;
  END;

  { Drehung um y-Achse }
  IF wy / 360 < 0 THEN BEGIN
    deg2rad(wy);
    x1_neu := (x1*cos(wy))+(z1*sin(wy));
    z1_neu := (z1*cos(wy))-(x1*sin(wy));
    x2_neu := (x2*cos(wy))+(z2*sin(wy));
    z2_neu := (z2*cos(wy))-(x2*sin(wy));
    x1 := x1_neu;
    z1 := z1_neu;
    x2 := x2_neu;
    z2 := z2_neu;
  END;

  { Drehung um x-Achse }
```

```
   IF wx / 360 < 0 THEN BEGIN
     deg2rad(wx);

     y1_neu := (y1*cos(wx)) - (z1*sin(wx));
     z1_neu := (y1*sin(wx)) + (z1*cos(wx));
     y2_neu := (y2*cos(wx)) - (z2*sin(wx));
     z2_neu := (y2*sin(wx)) + (z2*cos(wx));
     y1 := y1_neu;
     z1 := z1_neu;
     y2 := y2_neu;
     z2 := z2_neu;
   END;

   verschieben(x,y,z);
 END;

{----------------------------------------------------------------}

 FUNCTION c_liste.leer : BOOLEAN;

  BEGIN
   leer := (anfang^.next = nil);
  END;

 FUNCTION c_liste.ende : BOOLEAN;

  BEGIN
   ende := (aktuell^.next = nil);
  END;

 PROCEDURE c_liste.init;

  VAR dummy : tzeiger;

  BEGIN
   new(dummy);
   anfang := dummy;
   aktuell := dummy;
   dummy^.next := nil;
  END;

 PROCEDURE c_liste.einfuegen;

  VAR hilfzeiger : tzeiger;
```

```
BEGIN
  new(hilfzeiger);
  hilfzeiger^.next := aktuell^.next;
  aktuell^.next := hilfzeiger;
  hilfzeiger^.inhalt := element;
END;

PROCEDURE c_liste.loeschen;

  VAR hilfzeiger : tzeiger;

  BEGIN
    hilfzeiger := aktuell^.next;
    aktuell^.next := aktuell^.next^.next;
    dispose(hilfzeiger);
  END;

PROCEDURE c_liste.veraendern;

  BEGIN
    aktuell^.next^.inhalt := element;
  END;

PROCEDURE c_liste.lesen;

  BEGIN
    element := aktuell^.next^.inhalt;
  END;

PROCEDURE c_liste.weiter;

  BEGIN
    aktuell := aktuell^.next;
  END;

PROCEDURE c_liste.zurueck;

  BEGIN
    aktuell := anfang;
  END;

PROCEDURE c_liste.load_txt_3d;

  VAR disk : text;
    zeile : STRING;
```

```
    linie : c_linie;

  PROCEDURE umformen(zeile : STRING; VAR linie : c_linie);

   VAR i : BYTE;

   PROCEDURE get_next(VAR i : BYTE; zeile : STRING; VAR zahl : REAL);

     VAR nstr : STRING;
       code : INTEGER;

    BEGIN
      nstr := '';
      WHILE zeile[i]=#32 DO inc(i);
      WHILE not (zeile[i] in['-',' ']) DO BEGIN
       nstr := nstr + zeile[i];
       inc(i);
      END;
      val(nstr,zahl,code);
    END;

   BEGIN
    i := 1;
    get_next(i,zeile,linie.x1);
    get_next(i,zeile,linie.y1);
    get_next(i,zeile,linie.z1);
    get_next(i,zeile,linie.x2);
    get_next(i,zeile,linie.y2);
    get_next(i,zeile,linie.z2);
   END;

  BEGIN
   init;
   zurueck;
   assign(disk,filename);
   reset(disk);
   WHILE not eoln(disk) DO BEGIN
    READLN(disk,zeile);
    umformen(zeile,linie);
    WHILE not ende DO weiter;
    einfuegen(linie);
   END;
  END;

 PROCEDURE perspektive(VAR linie : c_linie);
```

```
PROCEDURE umformen(VAR x,y,z : REAL);

VAR faktor : REAL;

BEGIN
  IF z>fluchtpunkt.z THEN z := fluchtpunkt.z;
  faktor := (fluchtpunkt.z - z) / fluchtpunkt.z;
  faktor := faktor /2;
  x := x-fluchtpunkt.x;
  y := y-fluchtpunkt.y;
  x := x*faktor;
  y := y*faktor;
  x := x+fluchtpunkt.x;
  y := y+fluchtpunkt.y;
END;

BEGIN
  umformen(linie.x1,linie.y1,linie.z1);
  umformen(linie.x2,linie.y2,linie.z2);
END;

PROCEDURE c_liste.zeigen;

VAR linie : c_linie;

BEGIN
  seite := (2-seite);
  setactivepage(seite);
  cleardevice;
          { Pageswitching ist nur möglich mit
  clearviewport;   allerdings ist dieses auch langsamer ! }

  zurueck;
  WHILE not ende DO BEGIN
    lesen(linie);
    perspektive(linie);
    line(round(linie.x1),round(linie.y1),round(linie.x2),
        round(linie.y2));
    weiter;
  END;
  setvisualpage(seite);
END;

PROCEDURE c_liste.verschieben;
```

```
    VAR element : tinhalt;

    BEGIN
     zurueck;
     WHILE not ende DO BEGIN
       lesen(element);
       element.verschieben(dx,dy,dz);
       veraendern(element);
       weiter;
     END;
    END;

  PROCEDURE c_liste.dehnen;

    VAR element : tinhalt;

    BEGIN
     zurueck;
     WHILE not ende DO BEGIN
       lesen(element);
       element.dehnen(x,y,z,x_faktor,y_faktor,z_faktor);
       veraendern(element);
       weiter;
     END;
    END;

  PROCEDURE c_liste.drehen;

    VAR element : tinhalt;

    BEGIN
     zurueck;
     WHILE not ende DO BEGIN
       lesen(element);
       element.drehen(x,y,z,wx,wy,wz);
       veraendern(element);
       weiter;
     END;
    END;

{--------------------------------------------------------------}

  PROCEDURE start_grafik;
```

```
  VAR treiber,modus : INTEGER;

  BEGIN
    detectgraph(treiber,modus);
    CASE treiber of
      ega  : modus := egahi;
      vga  : modus := vgamed;
      ELSE WRITELN('Bitte im Handbuch nachschlagen !!!',#7,#7,#7);
    END;
    initgraph(treiber,modus,verzeichnis);
    seite := 1;
    setactivepage(1);
    setvisualpage(1);
  END;

PROCEDURE stop_grafik;

  BEGIN
    closegraph;
  END;

PROCEDURE set_animation_window;

  BEGIN
    setviewport(x1,y1,x2,y1,clip);
  END;

{------------------------------------------------------------------}

BEGIN
  seite := 1;
  getmaxz := 640;
  WITH fluchtpunkt DO BEGIN
    x := 320;
    y := 175;
    z := 640;
  END;
END.
```

```
PROGRAM test;

USES animat3d,crt;

VAR motiv : c_liste;
```

```
  i   : 1..35;

BEGIN
  start_grafik('c:\tp\bgi');
  motiv.load_txt_3d('grafik3d.txt');
  motiv.zeigen;
  repeat
   FOR i:=1 TO 35 DO BEGIN
     motiv.drehen(320,175,motiv.anfang^.inhalt.z1,0,0,15);
     motiv.verschieben(0,0,20);
     motiv.zeigen;
   END;
   FOR i:=1 TO 35 DO BEGIN
     motiv.drehen(320,175,motiv.anfang^.inhalt.z1,0,0,-15);
     motiv.verschieben(0,0,-20);
     motiv.zeigen;
   END;
  UNTIL keypressed;
  stop_grafik;
END.
```

Nachfolgend finden Sie neben dem Listing des Animations-Units auch ein Beispielpro-

```
20 20 20 150 20 20-
150 20 20 150 150 20-
150 150 20 20 150 20-
20 150 20 20 20 20-
20 20 150 150 20 150-
150 20 150 150 150 150-
150 150 150 20 150 150-
20 150 150 20 20 150-
20 20 20 20 20 150-
150 20 20 150 20 150-
150 150 20 150 150 150-
20 150 20 20 150 150-
```

gramm zur Anwendung und die Datei, die einen Würfel erzeugt, der im Beispiel animiert wird.

Kapitel 13

Die unsichtbaren Linien

Sicherlich, werden Sie sagen, die Grafik ist unvollkommen - und Sie haben recht. Tatsächlich hat die Art der Drahtmodell-Darstellung einige Probleme, die man allerdings auch bewältigen kann.

Das Hauptproblem liegt darin, daß man das dargestellte Objekt als durchsichtig empfindet, weil man Linien sieht, die normalerweise (bei einem undurchsichtigen Objekt) nicht sichtbar sind. Vor einigen Kapiteln gab es ein Beispiel mit einem Würfel, einmal durchsichtig, einmal opak dargestellt:

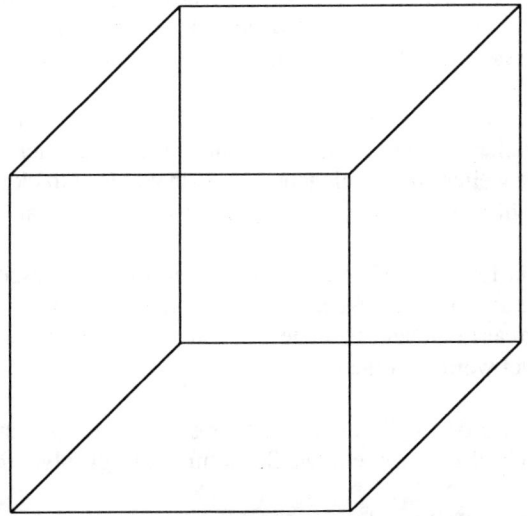

Bild 13-1 *Würfel in konventioneller Darstellung*

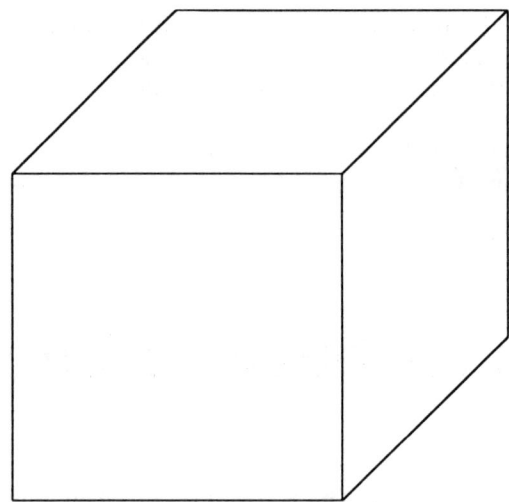

Bild 13-2 *Hidden-Line-Darstellung*

Wäre es nicht viel schöner, wenn man Objekte so wie im letzten Bild ansehen könnte, also ohne störende Linien, die man in der Realität auch nicht sehen könnte? Bestimmt!

Setzt man sich voller Enthusiasmus ans Werk, kommt meist auch bald schon die große Enttäuschung, wenn man einsehen muß, daß dieses Problem, es wird allgemein "Hidden-Lines-Problem" (Versteckte-Linien-Problem) genannt, keineswegs trivial ist.

Wie könnte aber eine Lösung aussehen? Wie wir schon festgestellt haben, lehnt sich die Computergrafik in vieler Hinsicht an die Kunst an. Das ist auch hier der Fall. Wie in der Kunst müssen wir die weiter hinten gelegenen Objekte vor den Objekten im Vordergrund zeichnen. Der Bildschirm wird also von hinten nach vorne aufgebaut.

Es gibt aber noch ein Problem: Hier müssen wir von Flächen ausgehen, während wir bisher von Linienansammlungen ausgehen konnten. Denken wir also um und schreiben unseren Datentyp um auf Flächen. Es bieten sich hier Dreiecksflächen an, da aus ihnen alle Objekte abgeleitet werden können.

Diese "Flächentiefen-Sortierung" ist in der Tat der sinnvollste, aber auch einfachste und schnellste Weg, zum Ziel zu kommen. Die Sortierung erfolgt folgendermaßen:

Da ja bei Drehungen die Reihenfolge der Flächen ohnehin verändert werden muß, muß jedesmal vor dem Aufbau des Bildschirmes eine komplette Sortierung aller Flächen vorgenommen werden. Als Sortierkriterium wird der jeweils vorderste der drei notwendigen Punkte bestimmt. Nach der Sortierung gibt es eine zweite Listenstruktur des Objektes, die ausschließlich dazu benutzt wird, den Bildschirm in der richtigen Reihenfolge aufzubauen.

Weiterhin muß beim Bildaufbau jede Fläche innen mit einer bestimmten Farbe (es bietet sich hier die Hintergrundfarbe des Bildschirmes an, ausgefüllt werden, um schon vorhandene Flächen, die räumlich dahinterligen, auszulöschen.

Haben Sie bitte Verständnis, daß ich hier nicht mehr auf alle Details eingehen möchte. Es bleibt Ihnen überlassen, die geringfügigen Änderungen an der Listenstruktur vorzunehmen. Als kleine Hilfe finden Sie am Ende dieses Kapitels das Listing der Prozedur sortiert einfügen.

Die Grafik veranschaulicht noch einmal das Prinzip:

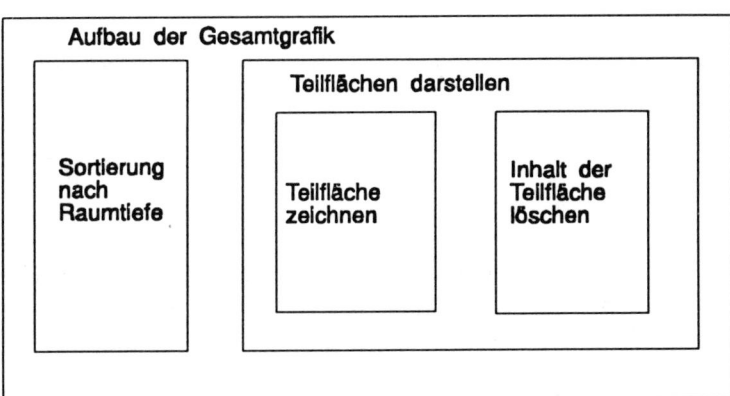

Bild 13-3 *Prinzip der versteckten Linien*

```
PROCEDURE c_liste.einfuegen(element : tinhalt);

  VAR hilfzeiger : tzeiger;

  BEGIN
    new(hilfzeiger);
    hilfzeiger^.next := aktuell^.next;
    aktuell^.next := hilfzeiger;
    hilfzeiger^.inhalt := element;
  END;

PROCEDURE c_liste.sortiert_einfuegen(element : tinhalt);
```

```
VAR vergleich : tinhalt;

{ Die Prozedur "TIEFE" ergibt sich aus der Tiefenkoordinate (z) der
  einzusortierenden Fläche. }

BEGIN
  zurueck;
  lesen(vergleich);
  WHILE vergleich.tiefe > element.tiefe DO BEGIN
    weiter;
    lesen(vergleich);
  END;
  einfuegen(element);
END;
```

Anhang A

Grafik-Operationen unter Turbo-Pascal - Eine Referenz

initgraph

(VAR grafiktreiber : INTEGER; VAR modus : INTEGER; VAR pfad : STRING);

Initgraph ist hauptsächlich eine Prozedur zur Überprüfung der aktuellen Hardware. Zuerst wird der Typ der Grafikkarte festgestellt. Danach wird ein Modus eingeschaltet.

Die Parameter lauten:

grafiktreiber : legt den vom Anwender gewünschten Treiber fest und übergibt den tatsächlich benutzten als Nummer zurück. Als Besonderheit kann initgraph bei grafiktreiber=0 den benötigten Treiber selbst herausfinden.

modus : wählt je nach Grafikkarte einen möglichen Auflösungsmodus. Der tatsächliche Modus wird zurückübergeben.

pfad : legt den Suchweg für den Grafiktreiber fest (".BGI"). Wird hier ein Leerstring angegeben, so wird im aktuellen Verzeichnis gesucht.

closegraph

(ohne Parameter)

Dadurch wird das Grafikpaket beendet. Der durch Treiber und Grafikdaten belegte Speicher wird wieder freigegeben, der Textmodus wird danach wieder eingeschaltet.

cleardevice

(ohne Parameter)

löscht den Grafikbildschirm und setzt alle anderen Parameter auf die Standardwerte. Untern anderem wird auch automatisch die erste Grafikseite eingeschaltet.

setviewport

(x1,y1,x2,y2 : INTEGER; clipping : BOOLEAN);

Damit wird ein Grafikfenster definiert, in dem sich alle nachfolgenden Prozeduren abspielen sollen. Bei clipping=true werden nur Grafikoperationen innerhalb des definierten Fensters ausgeführt. Ohne diese Definition ist der gesamte Bildschirm als Grafikfenster definiert.

x1,y1,x2,y2 : Koordinaten des Grafikfensters

clipping : legt fest, ob das "Clipping" aktiviert werden soll.

clearviewport

(ohne Parameter)

löscht das aktuelle Grafikfenster, bzw. den gesamten Bildschirm.

setactivepage

(seite : WORD)

legt die aktuelle Grafikseite fest (sofern mehrere verwaltet werden. Die erste aller Seiten hat immer die Nummer 0. Alle nachfolgenden Grafikoperationen werden ausschließlich auf dieser Seite durchgeführt.

seite : Die logische Nummer der Seite

setvisualpage

(seite : WORD)

Damit wird bestimmt, welche Grafikseite jetzt auf dem Bildschirm angezeigt werden soll. Es ist also möglich, verschiedene Grafikoperationen im Hintergrund ablaufen zu lassen, später dann erst anzeigen zu lassen.

putpixel

(x,y : INTEGER; farbe : WORD)

Zeichnet einen Punkt der Farbe *farbe* an die Stelle (*x,y*).

x,y : Koordinaten der Stelle, an die der Punkt (Pixel) gesetzt werden soll.

farbe : DIe Zeichenfarbe des zu setzenden Punktes.

line

(x1,y1,x2,y2 : INTEGER);

zeichnet eine Linie von (x1,y1) nach (x2,y2) in der aktuell aktiven Zeichenfarbe.

x1,y1 : Startpunkt der Linie

x2,y2 ; Endpunkt der Linie

rectangle

(x1,y1,x2,y2 : INTEGER)

zeichnet ein Rechteck, welches korrekt vertikal/horizontal ausgerichtet ist. Die notwendigen Punkte werden aus den beiden angegebenen Punkten berechnet.

x1,y1 : Koordinaten der oberen, linken Ecke

x2,y2 : Koordinaten der unteren, rechten Ecke

arc

(x,y : INTEGER; wStart, wEnde, Radius : WORD);

Zeichnet einen Kreisbogen vom Start-zum Endwinkel um den angegebenen Mittelpunkt.

x,y : Koordinaten des Mittelpunktes, um den der Kreisbogen gezogen werden soll.

wStart : Winkel, bei dem der Kreisbogen beginnen soll. Hier ist das Gradmaß (0..360 Grad) anzugeben. das Maß 0 Grad liegt horizontal rechts neben dem Kreismittelpunkt. Die Zählung erfolgt im mathematisch positiven Sinn, also gegen den Uhrzeigersinn.

wEnde : Winkel, bei dem der Kreisbogen enden soll.

Radius : Abstand des Kreisbogens zum Mittelpunkt

circle

(x,y : INTEGER; Radius . WORD);

Es wird ein Kreis mit angegebenen Radius um (x,y) gezogen.

x,y : Koordinaten des Kreismittelpunktes

Radius : Radius des zu zeichnenden Kreises

ellipse

(x,y : INTEGER; Startwinkel, Endwinkel : WORD; x_Radius, y_Radius : WORD);

x,y : Mittelpunkt der Ellipse

Startwinkel, Endwinkel : geben den Start- bzw. Endwinkel der zu zeichnenden Ellipse an (siehe auch "arc").

x Radius, y Radius : geben die beiden Radien der Ellipse an.

getmaxx

: INTEGER;

Stellt fest, wie groß die maximale x-Koordinate des Bildschirmes ist. Dieser Aufruf ist eine Funktion.

getmaxy

: INTEGER;

Stellt fest, wie groß die maximale y-Koordinate des Bildschirmes ist. Auch dieser Aufruf ist eine Funktion.

setcolor

(farbnummer : WORD);

setzt die aktuelle Zeichenfarbe.

<u>farbe</u> : Nummer der entsprechenden Farbe in der Palette.

getcolor

: WORD

liefert die aktuelle Zeichenfarbe zurück. Dieser Aufruf ist eine Funktion.

getbkcolor

: WORD

liefert die Hintergrundfarbe des Bildschirmes zurück. Dieser Aufruf wird dazu benötigt, festzustellen, mit welcher Farbe durch Überzeichnen gelöscht werden soll.

Anhang B

Grundstrukturen von Turbo-Pascal

Allgemeine Form eines Turbo-Pascal-Programmes

Die allgemeine Form eines Programms in Turbo-Pascal ist nicht allgemeingültig. Das bedeutet, daß nicht immer alle hier aufgeführten Struktur-Kennzeichen (z.B. der "USES"-Aufruf, der "CONST"-Teil, ...) auch in jedem Programm auftauchen müssen. Welche Teile welchen Sinn haben, wird nun aufgedeckt.

PROGRAM legt den Namen des Programmes fest. Er darf keine Leerzeichen, Großbuchstaben, sowie Satzzeichen beinhalten. Dieser Aufruf muß immer eingegeben werden. Er muß als allererste Anweisung das Programm eröffnen.

USES legt fest, welche Werkzeug-Units benutzt werden sollen. Neben den gebräuchlichen Turbo-Pascal Units ("CRT", "DOS", "PRINTER", ...) können auch Units selbst geschrieben und so eingebunden werden. Der Vorteil: Es bleibt viel mehr Speicher für das eigentliche Programm.

CONST deklariert programminterne Konstanten.

TYPE legt selbstdefinierte Datentypen und deren Struktur fest. Das gebräuchlichste Beispiel ist der Typ "Liste" oder "Record".

VAR deklariert die Variablen, die vom Hauptprogramm benutzt werden. Alle anderen Variablen, die nur innerhalb einer Prozedur oder Funktion benutzt werden, werden dort deklariert. Variablennamen können auch die neuen, unter TYPE deklarierten Typen angegeben werden.

FUNCTION/PROCEDURE deklariert eine Funktion/Prozedur. Die Struktur ähnelt der des Gesamtprogramms: Es können (müssen aber nicht) TYPE, CONST, VAR-Deklarationen erfolgen. Auch Unterprozeduren/Funktionen können hier deklariert werden. Alle Funktions-/Prozedurinternen Deklarationen haben nur innerhalb dieses Unterprogrammes Gültigkeit.

BEGIN/END ist schließlich der Bereich für das Hauptprogramm. Zur Beachtung: "END" muß als allerletzte Anweisung im Programmtext stehen. Ihm muß immer ein Punkt (".") folgen!

```
PROGRAM programmname;

USES unitname1, unitname2, ...

CONST
   konstante1 = ausdruck1;
   konstante2 = ausdruck2;
   ...

TYPE
   typenname1 = typ1;
   typenname2 = typ2;
   ...

VAR
   variable1,
   variable2,
   ...
   variable n : typ1;
   variable a,

   variable b  : typenname1;



FUNCTION funktionsname(Parameter) : Typ;

   BEGIN
   ...
   END;

PROCEDURE prozedurname(Parameter);
```

```
 BEGIN
  ...
 END;
BEGIN
  ...
END.
```

Allgemeine Form einer Turbo-Pascal-Unit

Ähnlich wie beim Programm ist es auch bei der Unit von Turbo-Pascal. Es müssen auch hier nicht immer alle Teile existieren. Welche jedoch unerläßlich sind, und welchen Sinn die anderen haben, wird nun erläutert:

UNIT legt den Namen der Unit fest. Sie sollte dem Dateinamen entsprechen und somit nicht länger als acht Zeichen sein.

INTERFACE leitet den Beginn des "öffentlichen" Teils ein. Dieser stellt die Schnittstelle zum später übergeordneten Programm dar. Nur die hier deklarierten Prozeduren, Funktionen, Variablen und Typen können dann auch benutzt werden.

USES,CONST,TYPE,VAR siehe Struktur des Programmes.

PROCEDURE/FUNCTION legt den Namen und die Parameterliste der öffentlichen Prozeduren und Funktionen fest. Die Anweisungen selbst werden hier noch nicht mit angegeben.

IMPLEMENTATION leitet den inoffiziellen, Unit-internen Teil ein. Hier wird explizit ausgeführt, wie die Prozeduren im einzelnen aussehen sollen. Hier können außerdem Konstanten, Typen und Variebeln, aber auch Prozeduren und Funktionen deklariert werden, die später nicht mehr benutzt werden, sondern nur als Hilfsprozeduren existieren sollen. Der Kopf von Prozeduren/Funktionen braucht keinerlei Parameter mehr zu beinhalten.

BEGIN/END schließen die Anweisungen ein, die direkt beim Aufruf durch das Programmes aufgerufen werden sollen. Das könnten z.B. Initialisierungen sein, die zum ordnungsgemäßen Ablauf der Unit notwendig sind. Achten Sie bitte auch hier auf den Punkt hinter dem letzten END.

Und der Nutzen der ganzen Sache? Richtig, er ist sicherlich auf den ersten Blick nicht zu sehen. Im Computer jedoch zeigt sich die Lösung; eine Unit wird nämlich nur soweit in den Hauptspeicher gelasen, wie sie tatsächlich benutzt wird. Prozeduren, die nicht benutzt werden, werden nicht geladen. Das ist bei großen Programmen ein erheblicher Vorteil, wenn man nur wenige Prozeduren auf der Tool-Box benutzen will. Es entfällt auch eine lästige und zeitraubende Neukompilierung beim Laufenlassen eines übergeordneten Programmes.

```
Unit unitname;

INTERFACE

  USES ...;

  CONST ...;

  TYPE ...;

  VAR ...;

  PROCEDURE prozedurname(Parameter);

  FUNCTION funktionsname(Parameter) : funktionstyp;

IMPLEMENTATION

  USES ...;

  CONST ...;

  TYPE ...;

  VAR ...;

  PROCEDURE prozedurname;
    BEGIN
      ...
    END;

  FUNCTION funktionsname;
    BEGIN
      ...
    END;
```

```
BEGIN
  ...
END.
```

Anhang C

Der Inhalt der Programmdiskette

23 Datei(en)   265216 Bytes frei
Inhaltsverzeichnis von A:\
Speichermedium in Laufwerk A ist TP_GRAFIK

3D_SIM.PAS	782	20.08.91	10.50
ANIMAT3D.PAS	9832	22.08.91	17.19
ANIMAT3D.TPU	12160	22.08.91	17.19
ANIMATIO.PAS	8680	19.08.91	13.22
ANIMATIO.TPU	9456	20.08.91	10.50
GRAFIK2D.TXT	206	19.08.91	13.25
GRAFIK3D.TXT	276	22.08.91	16.45
HIDDENLI. PAS	696	25.08.91	11.27
MÜNZE.PAS	703	20.08.91	13.32
TEST_2D.PAS	276	22.08.91	16.42
TEST_3D.PAS	580	22.08.91	17.23
V1.PAS	636	14.07.91	14.36
V10.PAS	2759	19.08.91	13.11
V11.PAS	5577	19.08.91	13.14
V2.PAS	3116	14.07.91	14.52
V3.PAS	3117	14.07.91	15.19
V4.PAS	5436	14.07.91	15.37
V5..PAS	6666	18.08.91	12.02
V6.PAS	5828	18.08.91	12.14
V7.PAS	6583	18.08.91	12.43
V8.PAS	456	19.08.91	13.06
V9.PAS	729	19.08.91	13.08
WÜRFEL.TXT	274	20.08.91	13.02

Index

C

D

E

F

G